Diogenes Taschenbuch 55/3

Federico Fellini

$8\,^1/_2$

*Idee und Drehbuch
von Federico Fellini
in Zusammenarbeit mit Ennio Flaiano,
Tullio Pinelli und Brunello Rondi*

Mit 52 Fotos

Diogenes

Herausgegeben von Christian Strich

Die Originalausgabe erschien 1963
unter dem gleichen Titel
bei L. Cappelli, Bologna.
Eine erste deutsche Ausgabe
erschien im selben Jahr im
Marion von Schröder Verlag GmbH,
Hamburg

Alle deutschen Rechte vorbehalten
Copyright © 1974
Diogenes Verlag AG Zürich
40/81/9/2
ISBN 3 257 20122 2

Inhalt

Der erste Entwurf 7
  *Ein Brief von Federico Fellini
  an seinen Freund Brunello Rondi*
  Deutsch von Eva Rechel-Mertens

Drehbuch 19
  Deutsch von Toni Kienlechner

Der Film in 50 Bildern 111

Fellini über ›8½‹
  *Begraben, was wir an Abgestorbenem in uns
  tragen* 149
  Ist Guido eine autobiographische Figur? 152
  Einflüsse von Joyce oder Proust? 162
  Sowjetischer Preis für ›8½‹ 165
  Ein Ausweg aus dem Chaos 167
  Deutsch von Eva Rechel-Mertens,
  Ragni Maria Gschwend, Arianna Giachi,
  François Bondy

Der erste Entwurf

*Ein Brief von Federico Fellini
an seinen Freund Brunello Rondi
(Oktober 1960)*

Brunellaccio, anstelle der vereinzelten Notizen, die ich Dir versprochen hatte, versuche ich, Dir hier alles zusammenzufassen, was mir bis jetzt eingefallen ist. Also: ein Mensch (ein Schriftsteller? Irgendeiner mit freiem Beruf? Ein Theaterimpresario?) muß gezwungenermaßen, wegen einer nicht sehr schweren Krankheit seinen gewohnten Lebensrhythmus unterbrechen. Das Alarmsignal war, daß sich irgend etwas in seinem Organismus festgesetzt hat. Er muß schön brav etwa zwei Wochen in Chianciano bleiben. Von diesem Ort habe ich Dir viel erzählt, also weißt Du alles zu diesem Punkt.
Dieser Mensch gerät in Situationen, die er manchmal als überschwere Last empfindet, aus denen er sich jedoch nicht zu befreien vermag. Er hat eine Frau. Er hat eine Geliebte. Er hält eine Unzahl von Beziehungen aufrecht, in denen er um sich schlägt wie eine Fliege in einem Spinnennetz, würde aber vermutlich ohne diese Bindungen in eine Leere stürzen, die noch beängstigender wäre, weil er sich nirgends verankert fühlt. Die vollkommen freie Verfügung über sein Dasein hat sich mit der Zeit als ein furchterregendes Delirium ohne Sinn und Zweck erwiesen. Aber wozu soll er den Versuch machen, Ordnung in das Ganze zu bringen? Könnte nicht der Sinn von alledem sein, daß er mit seiner gesamten Vitalität in diesem phantastischen Ballett aufgehen und nur darauf bedacht sein sollte, den Rhythmus richtig zu erfassen?
Unser Mann verbringt in Chianciano seine Tage mit Brunnenkur, viel Schlaf (wobei er jedesmal dann träumt, wenn es uns paßt), Ausflügen in die Gegend, wie ein guter Kurgast sie unternimmt (Kino, nächtliche Versteigerungen, Billardpartien, Maskenbälle), und sucht eventuell auch die antiken Sehenswürdigkeiten in der Nachbarschaft auf (Schlösser, verträumte Mediceervillen, Abteien, sagenumwobene Grotten).
Sein Tagesablauf bewegt sich somit auf zwei verschiedenen Ebenen: die reale bringt ihm Begegnungen im Hotel und an den Quellen. Besuche von Freunden aus Rom, die in einem andern kleinen Hotel verborgen gehaltene Geliebte und die Gattin, die

eines schönen Tages auftaucht und dableibt, um ihm Gesellschaft zu leisten. Daneben gibt es die phantastische Ebene der Träume, Phantasien und Erinnerungen, die ihn jedesmal dann überkommen, wenn es für uns bequem ist.

Hier also, was bis jetzt vorliegt:

Reale Ebene. Der Kurarzt. Er taucht gleich am Anfang des Films auf, indem er in das Zimmer des Protagonisten tritt, der noch träumt, er fliege nach Amsterdam. Der Arzt ist sehr jung, sehr seriös und hat große Eile. Er untersucht den Patienten unter einem strikt medizinischen Gesichtspunkt, ohne auch nur die geringste menschliche Wärme. Er sieht sich die Röntgenaufnahme an, horcht ihn ab und schreibt rasch Menge und Art der Brunnen- und Fangokuren auf. Aus diesem Verhör haben wir ein paar wesentliche Dinge über unseren Mann erfahren: Namen, Vornamen, Alter, daß er verheiratet ist, seinen Beruf, Vater, Mutter, frühere Krankheiten, alles, was zu wissen von Nutzen ist. Möglicherweise ist dieser Arzt eine Person, der wir im weiteren Verlauf des Films wiederbegegnen werden, vielleicht aber auch nicht.

Die Geliebte. Sie ist natürlich eine Person mit großem Hintern, sehr weißer Haut und einem kleinen Kopf, friedfertig, gutmütig, offenbar das Ideal einer Geliebten, weil sie keine Geschichten macht, sehr bescheiden und ergeben. Sie ist verheiratet, spricht sehr liebevoll von ihrem Mann und möchte, daß der Protagonist ihn irgendwo unterbringt. Sie ist der Typ der italienischen Kleinbürgerin, kauft alles auf Raten, Kühlschrank und Fernsehapparat; sie macht sich gar keine moralischen Skrupel, zeigt die Photographie ihres Töchterchens, das sie anbetet. Sie hat sich mit Vergnügen darauf eingelassen, nach Chianciano zu kommen, weil sie sich drei oder vier Tage in einem schönen Hotel und Spaziergänge und Kino- oder Theaterbesuche mit dem Prot. davon verspricht, dem es hingegen schon leid tut, daß er sie überhaupt hat kommen lassen, ohne daß er das Herz hat, sie wieder zurückzuschicken. Seine Bindung an das friedliche Dickerchen basiert auf einem dumpfen physischen Wohlbehagen, es ist für ihn, als sauge er an der nährenden Brust einer törichten Amme, um dann satt und selig einzuschlafen. Die

Frau redet viel, fällt ihm aber nicht lästig damit, weil sie ein angenehmes Stimmchen hat, das ihn nicht stört, und weil er nur von Zeit zu Zeit zu lächeln braucht, ohne auf das zu hören, was sie sagt, um sie zufriedenzustellen. Sie ißt auch viel, langsam, aber unaufhörlich, spitzt dabei graziös das Mündchen und rutscht auf ihrem imponierenden weißen Hintern hin und her. Sie ist eine Art von fettem, behäbigem, törichtem Schwan, auf ihre Weise aber faszinierend und geheimnisvoll.
An einem Augustnachmittag um drei Uhr holt er sie am Bahnhof von Chiusi ab. Sie kommt an, komisch aufgetakelt nach der Mode von 1920 mit einem Schleier vor dem Gesicht. Sie hat im Zug nichts gegessen und ist hungrig. Miserables Mahl um vier Uhr nachmittags in einem trostlosen Restaurant. Dann Umarmung in dem schmutzigen Hotel (von dem darunterliegenden Platz ertönen unaufhörlich die Pfiffe der Züge, weil dies der Bahnhofsplatz ist), darauf kurzer Schlaf auf dem verschmutzten Unterbett (während er schläft, ißt sie Trauben, darum besorgt, keine Bewegung zu machen, die ihn aufwecken könnte). Er träumt inzwischen, seine Mutter zeigte ihm, wie schön das Grab seines Vaters ist.
Die Mama sagt ihm, er solle warten, gleich werde Papa erscheinen. «Ja ist er denn nicht tot?» fragt er sie im Traum. »Gewiß ist er tot« antwortet die Mutter und zeigt mit einem traurigen Lächeln auf eine Ecke der Kapelle.
Und nun sitzt auf einem Sessel neben dem großen steinernen Bogen der Papa, mit dem Hut auf dem Kopf; er grüßt den Protagonisten etwas geistesabwesend, weil seine Aufmerksamkeit ganz und gar durch den Anblick der Wände und der Decke der Kapelle in Anspruch genommen ist. Er scheint da etwas nicht zu billigen, nicht völlig einverstanden zu sein, er prüft mit verdrießlichen Blicken ein paar dunkle Ecken oben in der Höhe. Der Hauptdarsteller und die Mutter verlassen darauf in aller Ruhe schwatzend die Kapelle, aber jetzt hat die Mutter das Gesicht seiner Frau angenommen. Dem Protagonisten macht auch das weiter nichts aus.
Natürlich erscheint auch die Geliebte wieder im Verlauf des Films. Man erblickt sie wieder während eines Spazierganges, bei dem er zusammen mit seiner Frau vor einem Schaufenster steht und so tut, als sehe er sie nicht. Die Dicke schlägt gefügig mit einem harmlosen Lächeln eine andere Richtung ein und dreht

sich nur, nachdem sie schon ein gutes Stück weitergegangen und sicher ist, nicht gesehen zu werden, noch einmal um. Die weiße Dicke wird auch in der Phantasie des häuslichen Harems auftreten. Sie sitzt vor dem Fernsehapparat und reiht dabei unaufhörlich Perlen auf.

Das Mädchen von den Quellen. Stell Dir Claudia Cardinale vor: schön, sehr jung, aber innerlich schon reif, gefestigt, ein Angebot von Echtheit, mit dem der Protagonist nichts mehr anzufangen weiß. Das erstemal sehen wir von diesem Mädchen nur die Hand, die von unten her dem Protagonisten den mit dampfendem Wasser gefüllten Becher reicht, dann die Augen, die ihm gerade ins Gesicht sehen und ihn anlächeln, und er hat ein sicheres Gefühl, daß dieses Mädchen die Lösung für alles bedeuten könnte. Das Mädchen ist jetzt nur noch zusammen mit all den anderen über ihre Arbeit gebeugt zu sehen, es herrscht eine Stimmung wie in einem Schneideratelier (Gekicher, Zuwinken, Augenzwinkern als Ausdruck des Einverständnisses, harmlose Neckereien mit dem einen oder anderen Gast).
Am Abend wartet der Prot. auf das Mädchen am Ausgang der Thermalquelle. Abends verwandeln die Thermen sich vollkommen, sie sind wie ein feuchter, schweigender Hain, es gibt dort keine lebende Seele mehr, man hört nur das unterirdische Gurgeln der Quellen. Das Mädchen spricht von dem winterlichen Leben in diesem Ort und daß sie gern fortziehen würde in eine große Stadt. Nebeneinander hergehend kommen sie bei ihr zu Hause an. Es ist ein einsam gelegenes Bahnwärterhaus, in dem sie den Vater, die Mutter und die Schwestern des Mädchens vorfinden. Es ist eine Hochsommernacht. Grillen zirpen im Dunkel, und auf den Hügeln sind Feuer angezündet. In einer Ecke der Küche, von der aus man unmittelbar auf die im Licht der Glühwürmchen schimmernden Geleise sieht, steht der Fernsehapparat, der seine absurden Programme ausstrahlt. Drei junge Bauernburschen auf Rädern erscheinen, um die Schwestern abzuholen, und entfernen sich im Dunkeln auf duftenden Pfaden. In der Luft liegt ein Zauber von Verliebtheit, der berauscht und betäubt. Ich glaube, die beiden müßten sich küssen, ganz selbstverständlich, nochmal und immer wieder küssen.
Oder aber, anstatt aus dem Bahnwärterhaus zu stammen, könnte sie auch die Tochter des Aufsehers im lokalen Museum sein. Die

gleiche verliebte und familiäre Szene, nur zeigt das Mädchen dem Prot. ein wundervolles, noch halb verpacktes Gemälde in einer Ecke des staubigen Abstellraums. Es kann das Porträt einer schönen Italienerin aus dem Cinquecento sein. Darüber werde ich mich noch mündlich äußern, weil ich es noch nicht ganz deutlich vor mir sehe und andererseits nicht möchte, daß das Ganze an die Szene zwischen Anouk und Marcello in ›La dolce vita‹ erinnert.
Ich weiß noch nicht, wie die Geschichte zwischen ihm und dem Mädchen enden soll, das heißt, wann genau er sich zurückzieht. Irgend etwas wird eintreten, obwohl ich den Eindruck habe, daß keine der Geschichten, die wir erzählen werden, ein richtiges Ende zu haben braucht.

Der versumpfte Freund. Er ist ein Intellektueller, um die Sechzig. Stelle Dir darunter vor, wen Du willst[1]. Kultiviert, gescheit, wohlerzogen und geistreich. Der Prot. trifft ihn im Schwimmbad. Dieser sein Freund wird von ein paar jungen Leuten auf grausame Art geneckt und umhergestoßen, er springt vom Sprungturm und macht eine üble Bauchlandung. Er verläßt das Bad humpelnd und mit bleichem Gesicht.
Dieser Mann hält sich in Chianciano mit seiner sehr jungen Freundin auf, um derentwillen er seine Frau nach vierzigjähriger Ehe verlassen hat. Das Mädchen hat ihn mit intellektuell-erotischen Künsten eingefangen. Sie schminkt sich leichenhaft blaß. Sie drückt eine exaltierte Bewunderung sogar angesichts einer Tomatenpizza mit den Worten aus: »Seht euch nur diese Farben an! Aber das ist doch nicht möglich! . . .« Das typische Miststück, die bizarr, ängstlich und als Papas kleiner Schelm auftreten, das heißt, alles in allem interessant wirken will. Beispiel? Auch in der Filmwelt sind viele von der Sorte im Umlauf, Du kennst sie ja ganz gut[2].
Zwei Tage darauf besucht der Protagonist den versumpften Freund, der wegen der Nachwirkungen des Sprungs im Bett liegt. Das Zimmer ist voll von Medikamenten und Gymnastikapparaturen. Der Freund spricht von seiner eigenen Situation in einem Ton von Beglücktheit. »Ich verstehe, daß man es auch von der komischen Seite sehen kann. Aber Hauptsache ist,

---

[1] Hier nennt Fellini zwei oder drei Namen von sehr bekannten Personen.
[2] Hier folgen die Namen von zwei oder drei Fotomodellen.

daß es mir nichts ausmacht, ich bin glücklich, genieße täglich das Leben, und sie, das kannst du mir glauben, ist ganz fabelhaft...« Das fabelhafte Mädchen liegt mit einem Pyjama bekleidet auf dem Bett, läßt sich von dem Freund den Kopf streicheln und erklärt auch ihrerseits, während sie den Prot. mit Blicken ansieht, die bescheiden wirken sollen, aber falsch sind wie alles übrige: »Ja, wir sind glücklich...«

Das Telepathenehepaar Maurice und Maya. Während der Nacht verwandeln sich die Thermen noch einmal und werden zu einem riesengroßen, düsteren Nightclub, in dem getanzt wird und verschiedene Varieténummern zur Aufführung gelangen.
Eines Abends ist der Protagonist bei einer Telepathie-Nummer dabei, die ihn unterhält und verwirrt. Im Mittelpunkt der Piste errät Maya, mit verbundenen Augen und den Rücken dem Publikum zugewendet, die Gedanken ihres Partners und verkündet sie mit lauter Stimme durch das Mikrophon. Der Partner Maurice geht von einem Tisch zum andern und berührt Uhren, nach deren Marke er seine Gefährtin fragt, sodann auch Personalausweise, Nummern von Patenten und läßt sich von den Zuschauern Sätze ins Ohr flüstern; unten auf der Piste wiederholt dann Maya mit lauter Stimme: »Longines! Nummer 78967... Der Herr ist Puertoricaner, er heißt José Pinto«... usw. ...
Maurice tritt zum Protagonisten, und Maya verkündet, mit nach wie vor verbundenen Augen, Namen, Vornamen, Alter und auch einen Gedanken des Mannes. Der in den Saal hineingerufene Satz hängt wie eine beunruhigende Offenbarung in der Luft.
Das Publikum ist amüsiert und fassungslos. Als die Vorführung zu Ende ist, tritt der Protagonist zu den beiden Artisten und lädt sie zum Abendessen ein, getrieben von Neugier und einer kindlichen, abergläubischen Hoffnung, als ob die beiden imstande wären, ihm eine verheißungsvolle Wahrheit zu enthüllen.
Aus der Nähe betrachtet, sind die beiden jedoch höchst fragwürdige Typen; er, Maurice, spricht mit einem unverkennbar turinischen Akzent, sie eine Mischung aus Französisch und Spanisch. Sie sind ganz bescheidene Schmierenschauspieler und fühlen sich ihrerseits geschmeichelt und von dem Protagonisten fasziniert. Sollte das wirklich die Wahrheit sein?
Als in später Nacht der Protagonist in sein Hotel zurückkehrt, begegnet er dem versumpften Freund, der in penetrant väter-

lichem Ton mit ihm spricht und ihn auffordert, sich seiner Frau gegenüber konsequenter zu betragen. Er erteilt ihm zu diesem Zweck Ratschläge, die genau das Gegenteil von dem sind, was er selber praktiziert.

Dann gibts da den Bischof. Aber in bezug auf diese Gestalt habe ich noch sehr verworrene Ideen. Ich halte fest, daß dieser hohe Geistliche, der in dem Protagonisten eine ganze Folge von Erinnerungen weckt (die erste Beichte: das hölzerne Türchen öffnet sich, und hinter den kleinen Löchern des Sprechgitters erscheint das magere Gesicht eines bärtigen Mönchs, der mit geschlossenen Augen zu ihm sagt: »Los, Söhnchen, bekenne deine Sünden.« Die Prüfung vor einer ganzen Kommission von ›padri carissimi‹. Der Prot. ist hier zehn Jahre alt), ich halte, wie gesagt, fest, daß diese Gestalt zu meiner Erzählung etwas hinzutun kann. Wir sehen ihn im Mercedes ankommen, mit einem schwitzenden, aufgeregten Frater, zwei jungen Priestern und einem Sekretär. Alle Hotelgäste eilen herbei und küssen ihm die Hand. Wir werden ihn dann im großen Speisesaal sehen, wie er vor dem Mahl das Zeichen des Kreuzes macht und alle dazu zwingt, aufzustehen und das kurze Gebet mitzusprechen. Die Nacht verbringt er allein im Garten, wo der Kies unter seinen Schuhen knirscht. Er leidet an Asthma, kann nicht schlafen und raucht ganz für sich allein Asthmazigaretten. Wir sehen ihn in den Bädern, im Fangobad, ganz nackt und schlammbedeckt wie eine Riesenmumie, der von Ellbogen und Knien Krusten von eingetrocknetem Schlamm abfallen. Eine Bademeisterin küßt ihm die Hand.
Er müßte eine Persönlichkeit sein, die Erinnerungen, Schuldkomplexe und wer weiß was sonst noch alles heraufbeschwört Ich finde, eines Abends sollten der Prot. und der Bischof miteinander sprechen, weiß aber nicht, was sie sich sagen könnten. Ich habe auch daran gedacht, daß vielleicht der Bischof dem Prot. im Traum erscheinen würde.

Die Ehefrau. Eine ungemein wichtige Gestalt des Films. Es besteht da eine quälende und in ihrer Art doch sehr zärtliche Beziehung. Beiderseits glauben sie, es würde Glück und Ruhe für sie bedeuten, wenn sie einander aus dem Wege gingen, doch kaum sind sie einander fern, setzen sie alles daran, wieder zusammen zu sein. Sie sprechen davon, sich zu trennen, aber mit ebensowenig Überzeugung wie zwei Gefangene vom Ausbrechen reden, was beide doch von vornherein für unmöglich halten. Stell Dir dabei etwa...[3] vor.

Die Frau kommt unerwartet in Chianciano an, um in seiner Nähe zu sein. Nachts im Bett betrachtet er die Schlafende, sie wacht auf, und er tut, als ob er schliefe. Er trifft sie auf der Straße, als sie gerade die Brille aufsetzt, um durch die Glasscheibe hindurch einen Stoff genau anzusehen. Unbemerkt schaut er ihr zu, fasziniert und bestürzt... Die dort ist also seine Frau. Aber wer ist sie in Wirklichkeit? Aus einem Haufen von Erinnerungen versucht er die Persönlichkeit seiner Frau zu rekonstruieren, aber alles widerspricht sich, sie selbst erscheint ihm immer fremder, ja *unergründlich*.

Ansätze wahrer Zuneigung und Anfälle von Groll, resigniertes Hinnehmen und fortgesetzte Rebellion quälen ihn auch weiterhin. Vielleicht liegt es an seiner unheilbaren Untreue, die ihm nicht mehr gestattet, die Frau von Grund auf zu begreifen, sie in ihrem Wesenskern zu besitzen... Doch was heißt schon ›Treue‹? Dies kann die Anregung zu einer bildhaften Phantasie des Prot. über die Treue der Frau sein.

Ich finde, auch die Erinnerung an seine Hochzeit sollte ihn jäh überfallen, so daß er fast zu Tränen gerührt wäre. Oder aber er betritt, als er eines Morgens in Chianciano umhergeht, eine kleine Kirche, in der gerade eine Trauung stattfindet; er wohnt der ganzen Zeremonie bei, küßt die Braut und drückt dem jungen Ehemann die Hand.

Brunellone, es gäbe noch alles mögliche andere Zeug, zum Teil habe ich es Dir schon gesagt. Da ist der homosexuelle Freund, der mit seinem düsteren Geliebten reist. Zusammen besuchen sie eine Abtei, in der eine Heilige von vor tausend Jahren mumifiziert in einem Glassarg ruht. Oder die beiden Freunde sind gekommen, um bei der Inszenierung eines Theaterstücks mitzuhelfen, das in der Sakristei einer mittelalterlichen Kirche aufgeführt wird (›Aminta‹? ›Der Sturm‹?).

Mir scheinen Schauspieler, als Kaiser, Regisseure, Magier und Priester verkleidet, gut in diese Geschichte hineinzupassen. Der Homosexuelle wird von seinem düsteren Freund schrecklich zu-

---

[3] Hier wird ein dem Briefschreiber wohlbekannter Name erwähnt.

sammengeschlagen, und der Protagonist begleitet ihn in eine Apotheke oder besser noch in das kleine Ortskrankenhaus. Es ist Nacht. Im Krankenhaus sind nur eine sehr alte Schwester und ein sehr junger Arzt vom Dienst anwesend. Drei alte Leute warten dort ruhig auf den Tod.
Dann kommt die Episode mit der ›Saraghina‹, dem zugleich grausigen und großartigen Drachen, der die erste traumatische Vision des Geschlechtlichen im Leben des Prot. verkörpert.
Und dann der Schutzengel. Der Schutzengel ist ein Wesen, das uns bis zum Alter von dreizehn Jahren begleitet. Es könnte sich um eine Erinnerung und eine Phantasie des Prot. handeln, der daran zurückdenkt, wie er sich seinen Engel vorstellte, den er in einem Traum gesehen hatte.
Nun die unvermeidliche Szene: der Hausharem mit allen seinen Frauen einschließlich der Gattin. Die eine näht, eine andere ist in der Küche, zwei sitzen vor dem Fernsehapparat. Der Protagonist erscheint mit einer neuen Freundin, die von allen herzlich empfangen wird. Der Prot. ist etwas wie ein abgeklärter Patriarch. Erst unterhält er sich und dann speist er mit ihnen.
Er bringt sie zu Bett. Dann, als er ganz allein ist, öffnet er die kleine Flurtür, hinter der eine schmale Wendeltreppe zu einem Kämmerchen ganz oben führt. Bei Zimmerbeleuchtung liest dort Padre Arpa in einem Buch und wartet auf ihn, um freundschaftlich mit ihm darüber zu sprechen, wie eine Einweihungszeremonie sich abwickeln läßt.
Und schließlich der Zirkus mit allen Personen aus seinem Leben.
Im Grunde ist damit ungefähr der ganze Kram beisammen. Mir gefällt er immer noch. Ich weiß noch nicht so recht, weshalb. Ich lege Wert darauf, daß der Film humoristisch im Ton und, was die Bilder anbetrifft, äußerst sauber, klar und durchsichtig ist. Ich habe dabei an Botticelli gedacht. Ich habe auch daran gedacht, daß der Prot. während seiner Ferien eine literarische Arbeit verfaßt. Er muß einen Aufsatz und für ein Lexikon den Abschnitt über irgendeine historische Persönlichkeit schreiben, Messalina, den heiligen Franziskus, besser wäre eine Gestalt aus der heidnischen Welt. Vielleicht erscheint diese Persönlichkeit ein paarmal, gleichsam durch sein konzentriertes Denken an sie heraufbeschworen.
Was soll das Ganze bedeuten? Nun, was schon. Flaiano schlägt

den Titel ›La bella Confusione‹ vor, der mir aber nicht besonders gefällt. Vielmehr, es gefällt mir überhaupt nichts.
Mir scheint, der wahre Schlüssel zu diesem ganzen Pasticcio ist immer noch das, was ich dir gleich beim erstenmal gesagt habe: ein mehrdimensionales Porträt eines beliebigen Menschen. Ein phantastisches, verzaubertes Ballett, ein magisches Kaleidoskop ... Aber auch das sind noch Wörter, die zu tausend Mißverständnissen Anlaß geben können.
Ich glaube, daß ich nach weiteren Anläufen diese Geschichte zu Ende bringen werde. Ich stelle fest, daß es mir nichts nützt, darüber nachzudenken. Bewußte geistige Konzentration auf dieses Thema könnte eher dazu führen, mir alles zu vernebeln. Darum warte ich ruhig ab, daß irgend jemand oder irgend etwas mich einen Schritt weiter bringt.

Ich umarme Dich. Auf baldiges Wiedersehen!

PS. Zeige niemandem diese Zeilen und sprich zu keinem Menschen von diesem Film. Ich hoffe, Dich bald zu sehen und durch Dich eine blendende Erleuchtung zu erhalten.

Drehbuch

Dieses Drehbuch, das den Sinn des Films, wenn auch nur in großen Zügen, wiedergeben sollte, ist für mich nichts weiter als eine Folge provisorischer Aufzeichnungen, damit ich an die Vorbereitung und Organisation des Films gehen kann. Meiner Gewohnheit entsprechend, behalte ich mir vor, im Verlauf der Arbeit Szenen und Personen zu überprüfen, genauer festzulegen, zu verändern und zu ersetzen.

F. F.

Straße in der Stadt. Außen. Tag.

Guido sitzt am Steuer eines Autos, das fast stillsteht. Vor der Windschutzscheibe ist die Sicht so gut wie verbaut von einer Unmenge anderer Wagen aller Art, die alle ebenfalls fast stillstehen.
Guido blickt sich um: rechts, links, hinten – man sieht nichts als lauter Autos in einem hoffnungslosen Verkehrsstau.
Wenige Zentimeter von Guidos Gesicht entfernt, in dem Wagen, der unmittelbar neben dem seinen steht, sieht man das Gesicht eines anderen Mannes; das unbekannte Gesicht eines Mannes in mittleren Jahren, mit harten Zügen, frischrasiert, mit kleinen, hinter der Brille nicht zu erkennenden Augen.
Die beiden starren sich lange schweigend durch die Wagenfenster an, alle beide so, als würden sie einen seltsamen Fisch hinter der Glaswand eines Aquariums betrachten: nicht der kleinste Schimmer von Sympathie oder Solidarität ist in beider Blicke zu finden, eher ein eisiges Gefühl von Haß über diese erzwungene und lästige Nachbarschaft.
Guido blickt nach vorn; in dem Wagen, der vor ihm steht, sitzt eine Frau am Steuer, ungekämmt und nachlässig gekleidet; im Rückspiegel frischt sie ihr Make-up auf. Guido versucht, ihr Gesicht zu sehen. Es erscheint für einen Augenblick im Rückspiegel: ein welkes, altes erbarmungswürdiges und hoffnungslos abstoßendes Gesicht.
Die Frau hat im Rückspiegel das Gesicht und den Blick des Mannes bemerkt; sie blinzelt mit den kurzsichtigen Augen und sucht einen Moment lang seinen Blick im Spiegel; dann wendet sie sich wieder ab.
Im Wagen auf der anderen Seite sitzen zwei Männer, ein alter und ein junger, die ein sehr lebhaftes Gespräch führen, als wäre ihnen die momentane Situation nicht bewußt; eine lange Unterhaltung, für sie offenbar von großer Wichtigkeit und geheimnisvoll, die sie vollkommen von der Umwelt isoliert.
Hinten, in einem großen schwarzen Wagen, dessen Inneres wie ein Salon ausgestattet ist, sieht man eine schöne halbnackte Frau mit sehr üppigen Formen. Lässig auf dem Rücksitz ausgestreckt versucht sie, ihren großen weißen Busen mit den kleinen schlanken Händen zu verdecken. Ihr Blick ist gesenkt und auf ihren Lippen liegt ein leicht maliziöses Lächeln.

Allmählich ertönt von allen Seiten Gehupe; ein so hoffnungsloser Protest, daß er schon eher wie ein Flehen um Hilfe erscheint. Guido dreht das Fenster herunter, um zu sehen, ob es irgendwo ein kleines Schlupfloch gibt.
Die riesigen gläsernen Hochhäuser, die die Straßen flankieren, sind wie unüberwindliche Dämme, die den festgefrorenen Strom der Autos gefangenhalten, soweit das Auge reicht. Das Gehupe wird stärker. Auch Guido fängt an, sinnlos zu hupen; sein Gesicht verrät Angst und Beklemmung, den Drang nach Befreiung, nach Flucht... Er hupt immer wilder, immer anhaltender, und der gleiche verzweifelte Protest dringt jetzt aus allen Autos und ergibt ein ohrenbetäubendes, disharmonisches allgemeines Hupkonzert, das die endlos lange, breite Straße durchdröhnt.
Während Guido immer verzweifelter hupt, starren seine Augen auf den winzigen Spalt zwischen der Scheibe und dem Türrahmen; ein irres Starren...
Es ist, als hätte das ganze Wesen des Mannes sich auf diesen Fluchtspalt konzentriert – und siehe da, der Körper des Darstellers entweicht wie ein Dampfwölkchen durch diesen Spalt, schwebt langsam über die weite Fläche der glänzenden metallenen Autodächer und erhebt sich dann rasch in die Lüfte.
Fast sofort verschwinden die aneinandergedrängten Autos, die gläsernen Hochhäuser, das verzweifelte Hupkonzert, verschwinden, wie in einem tiefen Abgrund.
Guido fliegt zwischen Himmel und Erde, ganz hoch oben, in seligem und befreitem Schwingen. Ein starker Wind führt ihn dahin; zeitweise läßt er sich treiben, dann steigt er wieder höher mit einem einfachen Fersenstoß. Unter ihm, weit weg, erglänzt die weite Fläche des Meeres, von dem er sich offenbar unwiderstehlich angezogen fühlt; eine Kraft der Anziehung, gemischt aus Wunsch und plötzlicher Angst, fast als fürchte er hineinzustürzen.
Und wirklich, irgend etwas scheint ihn zu verstören, das ungestüme Glücksgefühl, das ihn trägt, verwandelt sich in dumpfe Sorge; er bemerkt, daß sein Bein an ein Seil gebunden ist, das ihn daran hindert, weiter in die Höhe zu steigen, und das ihn in gleicher Weise lenkt.
Indem Guido gegen dieses Ziehen ankämpft, läßt er seinen Blick an dem endlosen Seil entlang, das ihn mit der Erde verbindet, nach unten gleiten: ganz unten am Strand erblickt er einen win-

zigen Mann, der das Ende des Seils in der Hand hält und der damit seinen Flug dirigiert, als ließe er einen Drachen steigen. Der Mann ist von Kopf bis Fuß in ein enges grünes Trikot gekleidet, darüber trägt er einen sehr kurzen Mantel mit hohem Kragen und einen seltsamen Helm: er sieht aus wie eine Figur aus einem Science-fiction-Roman. Hinter ihm, am Waldrand, sieht man einen Reiter zu Pferd, im Kostüm eines mittelalterlichen Prinzen. Jetzt zieht der Mann immer stärker am Seil, Guido wehrt sich immer verzweifelter gegen den drohenden Sturz auf die Meeresfläche. Er fällt ein Stück, steigt dann wieder, fällt wieder und verliert schließlich das Gleichgewicht, rudert in der Luft, überschlägt sich und stürzt senkrecht auf das Wasser zu, das in der Tiefe schimmert...

Hotelzimmer. Innen. Tag.

Das plötzlich eingeschaltete elektrische Licht weckt Guido, der in einem Bett schläft.
Mit halbgeschlossenen Augen folgt er für kurze Zeit den Bewegungen einer weiblichen Gestalt.
Eine Hand berührt ihn kurz und zwingt ihn, die Augen zu öffnen, so daß er schließlich wach wird; ein junger Mann steht aufrecht neben seinem Bett. Es ist der Arzt. Er ist sehr selbstsicher und scheint es ziemlich eilig zu haben. Er zieht das Leintuch weg und bittet Guido, den Arm freizumachen, während er schon den Blutdruckmesser bereithält.
Arzt: Würden Sie bitte einen Moment Ihren Arm freimachen...
Guido, der noch halb schläft, gehorcht prompt, aber teilnahmslos den kalten, wissenschaftlichen Befehlen. Der Arzt schnürt ihm den Arm ab, setzt sich neben das Bett und mißt ihm den Blutdruck.
Arzt: So, gut, danke. Halten Sie ihn lockerer.
Auf dem anderen Bett liegen, ganz verstreut, Bücher, Zeitungen, Manuskripte und Stöße von Photographien.
Guido führt die freie Hand zum Nachttisch, nimmt seine Armbanduhr, die dort liegt, und sieht nach, wie spät es ist.
Die Stimme der Krankenschwester, die aufrecht am Fußende des Bettes steht, läßt ihn aufschrecken:

Krankenschwester: Wie alt sind Sie, bitte?
Guido (prompt): Sechsundvierzig.
Die Krankenschwester notiert, der Arzt löst rasch die Armbinde.
Guido (etwas besorgt): Ist er sehr niedrig ... Oder nicht? ...
Arzt: Ziehen Sie bitte Ihr Hemd aus! Ist es das erstemal, daß Sie diese Kur machen?
Guido, indem er die Schlafanzugjacke auszieht, antwortet zögernd.
Guido: Ja.
Arzt: Haben Sie je schwere Krankheiten gehabt?
Guido: Nein ... Ich glaube nicht ... Als Kind Scharlach ... Einmal Gelbsucht ...
Die Krankenschwester, die alles notiert hat, wendet sich an Guido, der nur noch das Unterhemd anhat.
Krankenschwester: Auch das Unterhemd.
Guido, nach kurzem Zögern, zieht auch das Leibchen aus und sitzt nun im Bett mit nacktem Oberkörper.
Arzt: Na, was bereiten Sie denn Schönes vor?
Guido antwortet nicht.
Legen Sie sich hin.
Guido gehorcht. Der Arzt tastet ihm die Leber ab und achtet nicht auf den fragenden Blick, den ihm Guido zuwirft.
Wieder ein Film ohne Hoffnung?
Jemand klopft an die Tür, die sich darauf sofort öffnet. Ein noch junger Mann, in einen eleganten Morgenrock gehüllt, tritt ein. Seine glänzenden schwarzen Haare sitzen wie ein Helm über dem weißen, marmornen Antlitz mit den hellen, metallisch glänzenden Augen. In der Hand hält er ein Drehbuch. Es ist der Mann, der im Traum am Waldrand auf dem Pferd saß. Er spricht die ganze Zeit leise vor sich hin, ohne daß sein Gesichtsausdruck sich im mindesten verändert. Die Augen starren ins Leere. Er ist kalt, abweisend und äußerst selbstsicher. Er bemerkt den Arzt und die Krankenschwester und bleibt stehen.
Carini: Ach so! Ich komme später wieder.
Guido will zustimmen, aber der Arzt kommt ihm zuvor.
Guido fügt sich. Der Arzt setzt ihm das Stethoskop auf den Rücken. Carini ist zum anderen Bett gegangen, läßt das Manuskript, das er in der Hand hält, auf das andere Kopfkissen fallen und sieht sich jetzt mit abwesendem Blick einige Photographien an.

Guidos Augen, die zuerst das Drehbuch mustern, beobachten jetzt das gleichmütige Gesicht Carinis, als wollten sie seine Gedanken erraten. Carini ignoriert diese stumme Frage und fährt fort, die Photos durchzusehen.

Guido: Hast du es gelesen?

Carini (ungerührt): Ja.

Dann hält er Guido das Photo einer halbnackten Frau unter die Nase.

Carini: Wer ist die da?

Arzt: Atmen Sie tief. Nochmal. Atmen Sie. Weiter. So, jetzt können Sie sich wieder anziehen.

Der Arzt erhebt sich.

Guido, der jetzt seine Kleider zusammensucht und sich anzieht, wendet sein Gesicht, das den Ausdruck von Verlegenheit nicht ganz verbergen kann, wieder Carini zu.

Guido: Na, und?

Carini: Ich würde gern ausführlicher mit dir darüber reden.

Der Arzt hat inzwischen das Rezept geschrieben und reicht es der Krankenschwester. Er spricht zu Guido, während dieser aufsteht, vor den Spiegel tritt und sich betrachtet.

Arzt: Ihr Organismus ist etwas überanstrengt. Danke, Sie können sich wieder anziehen ... Schönes Mädchen! Eine Amerikanerin? ... Sie nehmen dreimal täglich, im Abstand von je einer Viertelstunde auf nüchternen Magen dreihundert Gramm ›Acqua Santa‹. Die Schlammbäder dürfen 20 Minuten dauern. Nach dem Schlammbad ein Bad von 5–10 Minuten. Wie hier verordnet (er reicht ihm das Rezept).

Im Spiegel sieht Guido sein vor Müdigkeit und Erschöpfung aufgedunsenes Gesicht auf sich zukommen.

Park des Thermalbads. Außen. Tag.

Ein kleines Orchester, zwischen den Bäumen postiert, spielt in voller Lautstärke eines der bekanntesten Stücke der Unterhaltungsmusik: ›Cavalleria leggera‹ oder ›Poeta contadino‹ oder etwas von Leoncavallo.

Der große Park rings um das Thermalbad ist voll von Leuten:

Leute jeden Alters, hauptsächlich aber Alte. Sie drängeln um die Fontäne und bevölkern die Wege zwischen den höchst gepflegten und zierlichen Blumenbeeten.
An der Stelle, wo das Wasser ausgegeben wird, bilden die Leute eine lange Schlange und warten geduldig, bis sie an die Reihe kommen.
Guido steht mit den anderen in der Schlange, die sich langsam vorwärtsbewegt. Er betrachtet das Drumherum mit einer Mischung aus Neugierde und Schrecken. Er betrachtet die Gesichter der Umstehenden, und beobachtet die anderen, die, weiter entfernt, langsam durch die Alleen wandern und kleine Schlückchen aus den Gläsern schlürfen, die sie in ihren Händen halten. Über allem schweben festtäglich und aufdringlich die Klänge des Orchesters. Guido nähert sich der Quelle. Vor ihm in der Schlange stehen noch einige Leute. Guido bemüht sich vergebens, die Quelle zu sehen. Man sieht nur eine Theke, dahinter ist niemand zu erblicken. Beneidenswerte Frauenhände tauchen in regelmäßiger Bewegung aus der Tiefe auf und reichen den Wartenden Gläser voll Wasser und nehmen leere Gläser in Empfang.
Jetzt ist Guido an der Reihe. Anstatt wie die anderen die Hand hinzuhalten, stützt er sich auf die Theke und beugt sich, halb neugierig und halb belustigt, darüber. Unten an der Quelle, die kunstvoll in Marmor gefaßt ist, sind viele Mädchen in weißen Schürzen, die sich ununterbrochen bücken, Wasser in die Gläser schöpfen, sich wieder aufrichten und sie nach oben reichen. Trotz dieser andauernden und gewiß anstrengenden Arbeit unterhalten sich die Mädchen, die alle sehr jung sind, miteinander und brechen hin und wieder in Gelächter aus. Plötzlich sieht Guido auf der anderen Seite der Theke, ein braunhaariges Mädchen von klarer, ernster Schönheit vor sich, das ihm lächelnd ein Glas reicht.
Die Geräusche und Stimmen ringsherum sind verstummt. Eine gläserne Stille umgibt das Mädchen, das zwar genauso gekleidet ist wie die anderen, aber offenbar nur in Guidos Einbildung existiert.
Er wendet seinen Blick nicht von diesem Mädchen.
Guido (ganz verzaubert): Danke ...
Dann macht er den Versuch, noch etwas zu sagen; lächelnd wartet das Mädchen noch ein paar Augenblicke. Aber ihm fehlen

die Worte. Er kann nichts Klares formulieren. Das Mädchen entschwindet.

Guido, der von einer älteren Dame, die hinter ihm steht, unsanft gestoßen wird, begibt sich mit seinem Glas in der Hand zur Allee. Er bleibt einen Augenblick stehen und betrachtet neugierig das Glas mit der Kubikskala, das er in der Hand hält. Er kostet einen Schluck Wasser, das offenbar keinen besonderen Geschmack hat.

In diesem Zustand entspannter Heiterkeit verfinstert sich plötzlich sein Gesicht. An einem Tischchen, unweit von ihm, sitzt Carini, der ihn mit der Hand heranwinkt.

Guido geht hin und setzt sich neben ihn. Sein Gesichtsausdruck zeigt Unbehagen, fast Angst. Die Tische um sie herum sind alle besetzt, was Guidos Unbehagen verstärkt. Carini hat vor sich eine Zeitschrift liegen, in der ein Blatt mit Notizen steckt. Er schaut Guido ins Gesicht; er spricht in seinem gewohnten Ton.

Carini: Du kannst mir ja nachher sagen, ob es sinnvoll ist, wenn ich diesen Bericht auch deinem Produzenten zeige ... Ich möchte nicht etwas machen, was dir dann schadet ...

Guido runzelt leicht die Stirn.

Guido (mit einem halben, gezwungenen Lächeln): Du brauchst dir keine Sorgen zu machen. Ich habe dich ja gerufen. Lies, lies!

Carini beginnt zu lesen. Ab und zu macht er eine kleine Pause, um Guido in die Augen zu blicken.

Carini: Nach einer ersten Lektüre sticht hervor, daß das Fehlen einer echten Problematik, oder wenn man will, einer philosophischen Voraussetzung, den Film zu einer Aneinanderreihung von Episoden macht. Episoden, die gänzlich zufällig und wahrscheinlich ... ›unterhaltsam‹ sind, entsprechend ihren zweideutigen Realismus. Da fragt man sich nun, wohin zielen die Autoren? Wollen sie uns zum Denken anregen? Wollen sie uns Angst machen? Dieses Spiel zeigt schon von der ersten Seite an ein Fehlen poetischer Inspiration.

Carini unterbricht für einen Moment sein Vorlesen.

Carini (in ungezwungenerem, ja freundschaftlichem Ton): Verzeih mir, aber vielleicht ist dies der erschütterndste Beweis dafür, daß der Film im Vergleich zu den anderen Künsten fünfzig Jahre im Rückstand ist ...

Er lacht kurz, wird wieder ernst und liest weiter.
> ... Das Drehbuch besitzt nicht einmal den Vorzug eines Films, der aus der Reihe tanzt, auch wenn es manchmal scheint, er habe die ... Mängel eines solchen ...

Guido betrachtet ihn schweigend, vielleicht wollte er gerade etwas sagen, aber seine Aufmerksamkeit ist jetzt von einem Paar angezogen, das sich an einen benachbarten Tisch setzt. Der Mann ist um die Fünfzig, übertrieben elegant in nagelneue Sachen gekleidet. Durch sein Bemühen, die Mängel des Alters zu vertuschen und sich weiterhin jung zu geben, erhält seine Erscheinung einen leicht lächerlichen Zug. Kurzum, er fühlt sich etwas zu wohl in seiner Haut. Er heißt Mezzabotta. Sie ist ein Mädchen um die Zwanzig, groß, schmal, mit betont ungezwungenem Benehmen. Auch sie ist übertrieben elegant gekleidet, im Boutique-Stil. Sie trägt eine Menge seltsamer Armreife und natürlich hat sie ein paar Bücher bei sich.

Wenn sie lacht, übertreibt sie ihre Heiterkeit, indem sie die Schultern hochzieht und sich schüttelt. In ihrer Art gehört sie zu jener gewissen intellektuellen, kunstbeflissenen Jugend, deren flatterhafte Aufmerksamkeit sich auf Menschen, auf Dinge, aber hauptsächlich auf sich selbst richtet.

Sie heißt Gloria.

Guido klammert sich an diese Neuankömmlinge, fast als ob er sich um die Antwort auf Carinis erbarmungslose Kritik drücken möchte. Carinis Kritik hatte ihn sichtlich erregt, doch er beruhigt sich sogleich.

> *Guido:* Mezzabotta ... Wie geht's? ...

Der Mann dreht sich um, erkennt Guido und begrüßt ihn stürmisch.

> *Mezzabotta:* Oh, ciao! Wie geht es dir?

Die beiden schütteln sich die Hände, während Gloria geheimnisvoller denn je lächelt und darauf wartet, vorgestellt zu werden.

> *Mezzabotta* (heiter): Bist du auch in der Gegend! Wir sind seit gestern hier. Bleibst du lang? (Zu Gloria) Gloria ... Guido ...

Guido reicht Gloria die Hand.

> *Guido* (zu Mezzabotta): Deine Tochter? Die ist aber groß geworden.
>
> *Mezzabotta* (prompt, aber etwas verlegen): Sie ist nicht meine Tochter. Die Signorina ...

Gloria, mit der unbefangenen Selbstsicherheit ihres Repertoires, unterbricht ihn und drückt Guido die Hand.

Gloria: Gloria, Gloria Morin. Guten Tag.

Guido (etwas verwirrt, aber lächelnd): Guten Tag. Verzeihen Sie. Immerhin ist mein Fehler ein Tribut an Ihre Jugend.

Gloria macht eine komische kleine Verneigung.

Gloria: Wie nett von Ihnen! Immerhin, ich weiß schon alles über Sie. Puppi hat mir oft von Ihnen erzählt.

Der Kellner der Bar bringt auf einem Tablett zwei Gläser Orangensaft. Es entsteht ein Moment unsicheren Schweigens, dann, nachdem der Kellner sich wieder entfernt hat, setzt sich Gloria. Auch Guido, der seinen Liegestuhl in Richtung seiner Freunde dreht, läßt sich wieder nieder.

Mezzabotta: Und du? Bist du allein? Deine Frau?

Guido: Ich bin allein.

Mezzabotta (mit gespielter Ungezwungenheit): Um so besser (lächelt und sagt in verändertem Ton): Ich meine, generell gesehen, besser (dann, als würde er etwas sagen, was schon allgemein bekannt ist): Du wirst es ja erfahren haben, über mich und Tina? Wir warten auf die Annullierung.

Guido (lächelnd, als hätte er eine erfreuliche Nachricht gehört): Ah ...

Mezzabotta: Deshalb siehst du uns auch hier ... (er zeigt auf Gloria) ... uns beide. Wir haben uns verlobt.

Guido (dessen Lächeln noch breiter geworden ist): Ah ... Gratuliere ...

Gloria nickt ironisch dankend mit dem Kopf.

Gloria: Puppi, gib mir mal die Zigaretten rüber.

Mezzabotta: Hier, Liebste ... (zu Guido) ... Schön, alter Freund, es freut mich wirklich, dich zu sehen. Bereitest du etwas Schönes vor? Dies hier ist der ideale Ort zum Nachdenken, nicht wahr? Auch ruhig, und sauber obendrein.

Guido (lenkt das Gespräch auf Carini und stellt ihn vor): Erlaubst du, Fabrizio Carini ... der Schriftsteller ...

Carini erhebt sich, gibt zuerst Gloria, dann Mezzabotta die Hand.

Gloria (zu Carini): Freut mich sehr, Sie kennenzulernen. Ich bin eine Ihrer Verehrerinnen, wissen Sie.

Das Gespräch geht weiter, aber Guido folgt ihm nicht mehr. Offensichtlich denkt er mit einer gewissen Unruhe über Carinis Worte nach.
> *Carini:* Da bin ich aber sehr geschmeichelt. Ist die Signorina Schauspielerin? Ich habe Sie sicher schon auf Photos gesehen.
> *Gloria:* Schauspielerin? Ja, ich habe Ambitionen (Sie lacht. Dann, scherzhaft): E-nor-me Ambitionen ... aber das ist bis jetzt auch alles ...
> *Mezzabotta:* Sie hat in Philosophie promoviert.
> *Gloria:* Nicht promoviert. Ich arbeite gerade an meiner Dissertation. Das ist ein kleiner Unterschied.
> *Carini:* Über welches Thema?
> *Gloria:* Ein ziemlicher Brocken. ›Die Einsamkeit des Menschen im zeitgenössischen Theater.‹

Guido hat inzwischen mit zwei Fingern nach Carinis Notizblatt gegriffen, betrachtet es, aus gewissem Abstand, schweigend, in Gedanken versunken, und kommentiert es zuletzt mit einer Grimasse komischer Selbstverhöhnung ...

Kleiner Bahnhof. Außen. Tag.

Der kleine Bahnhof mit den zwei oder drei durch die Geleise getrennten überdachten Bahnsteigen ist fast menschenleer. Ein Güterzug rangiert langsam vor dem vordersten Bahnsteig. Es ist zwei Uhr mittags. Guido steht wartend unter dem zweiten Schutzdach; er ist bedrückt von der Hitze und von der öden Langeweile, die so ein schwüler Nachmittag an sich hat.
> *Guido* (zu sich selbst): Wie schön wärs, wenn sie nicht käme.

Abwesend und mit einem Blick voll unfreiwilliger Distanz beobachtet er, wie der Zug, der am Ende des Schienenstranges auftaucht, sich schnell dem Bahnhof nähert. Der Zug rollt an ihm vorbei und hält. Ohne sich besonders zu beeilen, versucht Guido unter den Leuten, die aus dem Zug aussteigen und den Bahnsteig langsam füllen, jemanden zu erkennen.
Er macht ein paar Schritte in Richtung Zugspitze, dreht sich um, ein paar Schritte in Richtung Zugende, dreht sich wieder um, sieht sich die Leute an, mustert dann wieder die Türen und Fenster des Zuges.

Er scheint mehr erstaunt als verärgert darüber zu sein, daß er die erwartete Person nicht findet. Er bleibt stehen und beobachtet abwechselnd das eine und das andere Ende des Bahnsteigs. Dann blickt er wieder auf den Zug, aus dem nun niemand mehr aussteigt. Die kleine Menschenmenge der angekommenen Reisenden zerstreut sich. Der Zugführer schreitet den Zug ab und schließt die offengebliebenen Türen.
Guido wirft einen letzten Blick nach links und nach rechts. Ein leichtes Lächeln erscheint auf seinem Gesicht, wie der Ausdruck einer Erleichterung. Er steckt die Hände in die Hosentaschen und macht sich freieren Schrittes auf den Weg zur Unterführung. Der Güterzug, der bis eben noch rangierte, entfernt sich langsam und gibt damit den Blick zum ersten Bahnsteig und dem Bahnhofsgebäude frei. Guido hört den Ruf einer weiblichen Stimme, er bleibt abrupt stehen und dreht sich um. Auf dem Bahnsteig, dessen Sicht der abfahrende Güterzug freigegeben hat, steht eine junge Frau, die ihm mit Gebärden freudiger Begrüßung heftig zuwinkt. Neben ihr steht ein Gepäckträger, schwer mit Koffern beladen.
Plötzliche Überraschung und eine unbewußte Verärgerung überkommen Guido einen Augenblick lang. Aber nur für einen Augenblick.
Gleich darauf erhellt ein erfreutes, herzliches Lächeln sein Gesicht.
Guido (ruft der Frau zu): Wo steckst du denn?...
Die Frau deutet auf die Unterführung und antwortet, ebenfalls mit lauter, erfreuter und doch ruhigerer Stimme.
Carla: Die Unterführung...
Die Frau zuckt die Achseln und lacht. Sie ist hell gekleidet, in etwas komisch wirkender, gesuchter Eleganz: Modell Sommerreise. (Es ist die Frau, die wir am Anfang im Traum gesehen haben.) In ihrer ruhigen Schönheit, mit ihren üppigen Formen und der weißen Haut erinnert sie an die schöne Gestalt einer Dame aus dem 19. Jahrhundert.
Der rangierende Güterzug kehrt zurück und verdeckt sie von neuem. Guido wendet sich zur Unterführung und geht munteren Schrittes die Treppe hinunter. Kein Gedanke, keinerlei Berechnung sind auf seinem Gesicht zu lesen. Er ist voll und ganz von der augenblicklichen Situation gefangen. Er verschwindet im Halbschatten der Treppe.

Kurz darauf taucht er auf dem anderen Bahnsteig auf. Die Frau – Carla – geht schon, gefolgt vom Gepäckträger, dem Ausgang zu.
Guido geht ihr entgegen.
>   *Guido:* Ich war dort ... Ich hab dich nicht gesehen ... Wie geht's dir? ...

Er gibt ihr einen flüchtigen Kuß auf die Wange, sieht sich leicht verstohlen um und fügt dann schnell hinzu:
>   ... Hast du viel dabei! ... fünf Koffer! ...
>   *Carla:* Ein paar Kleider ... auch für den Abend ... Du weißt ja, solche Abendkleider nehmen viel Platz in Anspruch ...
>   *Guido:* Aber hier geht man am Abend schlafen, weißt du. Hier ist abends nichts los ...

Doch Carla hat nicht die Absicht, auf ihre Pläne für einen mondänen Kuraufenthalt zu verzichten.
>   *Carla* (mit ruhiger, optimistischer Beharrlichkeit, lächelnd): Das ist doch ein Kurort, und es ist Hochsaison. Da wird es sicher irgendeine Modeschau oder ein gemütliches Nachtlokal geben ... oder auch in unserm Hotel ...

Guido unterbricht sie und präzisiert eilig und mit einer gewissen Verlegenheit.
>   *Guido:* Da ist noch etwas ... In dem Hotel, wo ich bin, ist alles besetzt. Es gibt kein einziges Zimmer mehr. Und außerdem schwirren hier lauter Bekannte herum ... Ich mußte dich woanders unterbringen. Ein sehr gutes Hotel ...

Sie sind auf den Bahnhofsplatz getreten; Guido beeilt sich, zu seinem Auto, einem eleganten >Flaminia<, zu kommen.
>   *Guido* (ruft dem Gepäckträger zu): Hier! ...

Trattoria. Innen. Tag.

Die Türe wird von außen geöffnet, Carla tritt ein, gefolgt von Guido. Das Lokal ist ganz leer. Die Tische stehen verlassen in langen Reihen. Die Atmosphäre von unausweichlicher Trostlosigkeit, die von diesem Raum ausgeht, erfaßt auch Guido; er hält Carla zurück.
>   *Guido:* Komm, gehen wir wieder. Wenn du im Hotel bist,

kannst du dir ja zwei Sandwiches bringen lassen.
Gelassen lächelnd widerspricht Carla. Sie ist nur ein bißchen unruhiger geworden, aber fest entschlossen, nicht nachzugeben.
Carla: Hübsch ist es hier. Ich habe Hunger. Du hast gegessen, aber ich noch nicht.
Guido, sofort einverstanden, zuckt die Achseln, aber in seinem Gesicht ist immer noch der etwas verzagte Ausdruck.
Guido: Siehst du nicht, wie trostlos es hier ist?
Carla: Um diese Zeit ist es sowieso überall gleich. Es ist schon drei. Wir sind zusammen, deshalb bin ich ja auch gekommen, nicht?
Sie ergreift zärtlich seine Hand.
Carla (die Luft einschnuppernd, voll Zufriedenheit): Was für ein feines Gerüchlein ...
An der Küchentür erscheint eine junge, etwas mollige Frau. Sie trägt eine weiße Kleiderschürze, die nicht zugeknöpft ist, und in der Hand hält sie eine Serviette. Man merkt ihr an, daß sie gerade beim Essen war. Sie strahlt eine gewisse Häuslichkeit und Gutmütigkeit aus, was spontan Guidos Sympathie erweckt. In scherzhaftem Ton, aber doch ernst gemeint, sagt er:
Guido: Guten Tag. Wenn wir gleich, sofort essen wollten, was hätten Sie da schon Fertiges für uns?
Die Frau antwortet im selben Ton.
Frau: Alles, was Sie wollen. Nehmen Sie Platz.
Anstatt sich an den Tisch zu setzen, auf den die Frau zeigt, schlüpft Guido in die Küche, während Carla mit halblauter Stimme die Frau fragt:
Carla: Die Toilette, bitte?
Und während sie der Frau folgt, fügt sie eine taktische Erklärung für Guido hinzu.
Carla: Im Zug ist es furchtbar. Man bekommt immer schwarze Hände.
Guido hat nicht einmal hingehört. Er sieht sich unsicher um. Er nimmt sich von einem Teller eine Olive, kaut sie, und weil ihm nichts Besseres zu tun einfällt, geht er ebenfalls zur Toilette. Er öffnet die Tür und bleibt, an den Pfosten gelehnt, stehen. Vor dem großen Spiegel am Waschbecken frischt sich Carla mit ruhiger Sorgfalt auf. Sie kämmt ihr Haar, steckt den Kamm sorgfältig wieder in die Tasche, streift die Ringe von den Fingern und wäscht sich die Hände. Guidos Anwesenheit verwirrt

sie nicht im geringsten. Im Gegenteil – sie beginnt wieder fröhlich und zufrieden zu schwatzen.

Carla: Ich war gerade dabei, mein Imprimé zu betrachten... Es ist trotz der zweistündigen Zugfahrt fast gar nicht zerknittert. Es ist ein neueres Material, hübsch, nicht?... Ich habe so was... Etwas Ähnliches habe ich in der ›Vogue‹ gesehen... du kannst dir nicht vorstellen, wo ich überall herumgerannt bin, um den zu finden... ich war ganz verzweifelt... aber du weißt ja, wenn Carla sich etwas in den Kopf gesetzt hat...

Guido hört kaum zu. Er sieht sie an. Er betrachtet ihre weichen, weißen Hände unter dem Wasser und nähert sich ihr, etwas erregt, legt die Arme um ihre Taille und drückt sie an sich.

Guido: Bella!...

Carla wehrt ihn ab und lächelt geschmeichelt.

Carla: Was machst du da... sei vernünftig, komm... das kann man doch hier nicht...

Sie löst sich.

(in guter Stimmung): Ich habe jetzt Hunger...

Carla und Guido sitzen an einem Tisch. Sie sitzen sich gegenüber. Carla ißt mit gesundem Appetit, ruhig, ohne das Essen herunterzuschlingen. Mit graziöser Sorgfalt nagt sie das Fleisch von den Knöchelchen. Guido ißt nichts. Nur hin und wieder, zum Zeitvertreib oder aus Neugierde, pickt er sich etwas aus Carlas Teller und aus den anderen Tellern, die die Frau auf den Tisch bringt. Teils amüsiert, teils neugierig betrachtet er Carla und folgt ihrem Gespräch. Öfters jedoch wandern seine Gedanken ganz woanders hin, so daß er ihre Anwesenheit für kurze Zeit vergißt.

Carla: Der arme Luigi, er ist so tüchtig... Ich glaube, er ist nicht glücklich... Weißt du, mein Mann gehört nicht zu denen, die sich nach vorne drängeln... Er nicht... Er läßt sich einschüchtern... Dabei ist er gar nicht dumm; er ist sehr intelligent, aber er ist nicht pfiffig. Er bräuchte wirklich jemanden, der ihm unter die Arme greift... Er ist immer noch dort bei der CEIAD, und immer noch mit dem gleichen Gehalt... Du könntest ihm doch eine Stelle verschaffen, wo du so viele Leute kennst! Du könntest wirklich versuchen, ihm ein bißchen zu helfen... Damit würdest du mir einen großen Gefallen tun...

Schlafzimmer. Hotel. Innen. Tag.

Carla und Guido liegen nebeneinander im Bett. Das Zimmer im Halbdunkel ist ein elegantes und modern eingerichtetes Hotelzimmer, jedoch äußerst unpersönlich. Guido, der seinen Kopf auf Carlas üppige Schulter gelegt hat, ist eingeschlafen. Sie liegt unbeweglich, um ihn nicht zu wecken. Ihre Augen blicken ins Leere. Endlich wacht Guido auf. Er lächelt. Carla nützt die Gelegenheit, um ein andere Stellung einzunehmen. Sie streckt ihren Arm, und auch sie lächelt gelassen.
>*Carla:* Ich hab ihn kaum mehr gespürt, diesen Arm ...
>*Guido:* Du hättest ihn ja wegziehen können ...
>*Carla:* Du hast so gut geschlafen ...

Guido lächelt in einer Art sanfter Benommenheit. Carla streckt ihren Arm zum Nachttisch und holt sich die Zigarettenschachtel, ruhig, eine gewisse Mütterlichkeit ausstrahlend.
>*Carla:* Möchtest du rauchen? ...
>*Guido:* Ja ...
>*Carla:* Soll ich sie dir anzünden? ...

Mit ebensolcher Natürlichkeit, aber die Situation bewußt genießend, läßt sich Guido bedienen.
>*Guido:* Danke ...

Carla zündet die Zigarette an, steckt sie ihm zwischen die Lippen, dann schenkt sie sich ein Glas Mineralwasser ein und trinkt. Bei der Hälfte setzt sie das Glas ab und bietet es Guido an.
>*Carla:* Möchtest du? ...

Guido schüttelt den Kopf, dann, nachdem Carla ausgetrunken und sich wieder an ihn geschmiegt hat, fragt er sie mit immer noch halbgeschlossenen Augen:
>*Guido:* Hast du nicht geschlafen? ...
>*Carla:* Ich habe nachgedacht ...

Sie schweigt. Ihr Blick ist zerstreut auf die Decke gerichtet, dann zeigt sie auf den Kronleuchter.
>*Carla* (mit träger Stimme): Genauso einen Kronleuchter habe ich in der Via Tomacelli gesehen. Er kostet achttausend Lire.

Sie überlegt einen Moment und fügt dann hinzu:
>... Der würde gut in mein Wohnzimmer passen ...

Guido streichelt sie sanft.

> *Guido:* Was du für eine schneeweiße Haut hast ... Wie schön du bist ...
> *Carla:* Findest du? ... Ich müßte etwas abnehmen, wenigstens drei Kilo.
> *Guido:* Nein, nein. So bist du gerade richtig ...

Guido schmiegt sich mit halbgeschlossenen Augen an diesen weichen vollen Körper. Nach einigen Augenblicken, ohne den Tonfall zu ändern, mit dem Blick, der ziellos umherschweift, redet Carla weiter.

> *Carla:* Wie heißt dieses Hotel? ... Dann kann ich es Luigi telegrafieren ... Er legt großen Wert darauf ... Wenn ich weg bin, schreibt er mir fast jeden Tag ... Du wirst sehen, übermorgen ist sicher schon ein Brief da ... Er schreibt so schöne Briefe ... Ich werde sie dir zeigen ... Hotel Principe?
> *Guido* (der schon wieder döst, murmelt zerstreut): Ja ...

Carla schweigt einen Moment. Sie wendet sich ihm zu, um ihn prüfend anzuschauen. Dann fährt sie in mütterlichem Ton fort.

> *Carla:* Trägst du Marineblau? Es müßte dir gut stehen ... Ich werde dir einen Pullover stricken ... Oder vielleicht ist Gelb besser, Kanariengelb ... Das ist sehr elegant. Ich stricke dir einen Pullover mit Zopfmuster, hochgeschlossen ... im Winter ist das angenehm ...

Guido liegt wieder unbeweglich, mit halbgeschlossenen Augen, leicht an ihren weißen, Ruhe ausstrahlenden Körper geschmiegt. Er schläft ein und befindet sich plötzlich auf einem kleinen Friedhof, der mitten in einer weiten Ebene liegt ...

Ländlicher Friedhof. Außen.

Guido steht neben einem kleinen Gebäude mit schmalen, hohen bunten Glasfenstern; das Gebäude ähnelt einer Friedhofskapelle, ist aber doch etwas anders, ebenso wie der Friedhof von innen nicht ganz so wie ein Friedhof ist.
Eine Frau mittleren Alters ist voll und ganz damit beschäftigt, ein kleines Beet, das die Kapelle umgibt, in Ordnung zu bringen. Sie rupft das Unkraut, setzt ein paar blühende Pflanzen und begießt sie. All dies macht sie mit den fürsorglichen, wohlbedachten Bewegungen einer Hausfrau, die gerade damit be-

schäftigt ist, ihre Wohnung sauberzumachen. Mit einem Besen und einem Lumpen putzt sie dann die Marmorstufen der Kapelle.

Mutter: Wenn nicht wir uns darum kümmern, wer macht es dann? So haben wir nachher ein gutes Gewissen. Das Wichtigste ist, daß man nicht mit leeren Händen kommt. Man darf nicht egoistisch sein. Denk an deinen Onkel! Früher oder später muß man schwer dafür zahlen. Hast du gegessen? Was möchtest du essen?

Guido (in vorwurfsvollem Ton, fast als würde er sich belästigt fühlen): Laß doch! Es wird dich nur wieder ermüden! (Dann mit bedrückter, innerer Unschlüssigkeit) Du bist doch Mama, oder nicht?

Die Frau hört auf zu jäten. Sie dreht sich um und schaut Guido an, gerührt und voll Dankbarkeit, daß sie erkannt worden ist.

Mutter (fast flüsternd): Guido!... (und dann mit einer von unterdrücktem Weinen bebenden Stimme) Nie kommt man damit zu Ende, nie! Erst vor kurzem hatte ich alles in Ordnung gebracht. Immer wieder von vorne anfangen, von morgens bis abends, für nichts und wieder nichts. Seit ich verheiratet bin, tu ich nichts anderes! Ich kann nicht mehr!...

Aber Guido steht jetzt an der Schwelle der Kapelle und schaut ins Innere. In dem kahlen, kleinen Raum sitzt der Vater auf einem Stuhl.

Der kleine Koffer steht neben ihm auf dem Boden. Der Hut ist noch auf seinem Kopf, und der Vater wirkt unglücklich, traurig und einsam. Er grüßt Guido liebevoll, aber etwas bedrückt, fast vorwurfsvoll.

Vater: Siehst du, wie die Decke hier niedrig ist... Sie hätten sie höher machen können... höher... ich fühle mich gar nicht wohl... ich hätte es mir... anders gewünscht... wie häßlich... Guido, wie häßlich... kannst nicht du dich etwas darum kümmern?... ich fühle mich gar nicht wohl..., tu etwas... ich möchte...

Guido (angstvoll): Was denn, Papa?...

Vater: Ich möchte... ich möchte...

Ein Gefühl unendlicher Traurigkeit hat Guido erfaßt, angstvoll schaut er sich um...

Nicht weit entfernt, schräg von hinten zu sehen, die Frau, die sich um die Blumen gekümmert hat. Ihre Haltung verrät großen Kummer.

Mutter (mit der gekünstelten Wichtigkeit eines Journalisten): Welches sind die Grenzen deines Antikonformismus?
Guido (in falschem Tonfall): Ich weiß nicht ...
Mutter: Zählen Sie mir bitte die ›zehn Dinge praktischer Art‹ auf, die Sie im Leben am meisten stören ...
Guido: Ich weiß es nicht mehr ...
Mutter (betrübt): Ach, Guido, Guido ... Warum bist du so? (Wieder den Ton eines Journalisten annehmend) Sagen Sie sich selbst immer die Wahrheit? Und wenn nicht, dann bei welcher Gelegenheit? (ganz traurig) Kaust du noch immer an deinen Fingernägeln?

Unten auf dem schmalen Friedhofsweg wandelt ein kleiner Trauerzug: zwei oder drei weinende Frauen, ein Polizeioffizier in Festtagsuniform, eine Tänzerin in einem Spitzenröckchen, auch sie weinend, zwei Clowns und drei Kinder, die ein Eis schlecken. Die Mutter hat ihren Kopf auf Guidos Schulter gelegt, tonlos fährt sie fort, fast weinend, sich immer mehr in etwas hineinsteigernd ...

Mutter: Was soll ich tun, Guido? ... Ich tu alles, was ich nur kann ... Oh, Guido, Guido.

Und sie küßt ihn heftig, verzweifelt, nicht wie eine Mutter ihren Sohn küßt. Und tatsächlich, die Frau, die jetzt Guido umarmt, ist Luisa, seine Frau.

Guido schrickt plötzlich, fast mit Entsetzen, auf. Er sucht, sich mit Gewalt aus ihren Armen zu befreien.

Guidos Frau: Du bist sicher müde. Armer Guido, jetzt gehen wir nach Hause ...

Und nachdem Guido sie erschreckt ansieht:

... erkennst du mich nicht? Ich bin Luisa, ich bin deine Frau. An wen denkst du?

Innen. Korridor des Hotels. Nacht.

Guido tritt aus seinem Zimmer am Ende des Korridors. Er schließt die Tür ab, geht auf den Treppenabsatz zu und bleibt vor dem Gitter des Aufzugs stehen. Er drückt auf den Knopf und wartet, indem er sich an die Wand lehnt und vor sich zu Boden schaut. Plötzlich, als würde er die Anwesenheit einer Person neben sich fühlen, hebt er langsam seinen Blick, und nur wenige Schritte vor ihm steht das braunhaarige Mädchen, das ihm an der Quelle schon einmal erschienen ist. Sie lächelt ihm zu, als würde sie auf etwas warten. Guido lächelt auch. Er macht wieder den Versuch zu sprechen, aber sein Lächeln zeigt eine schon vorweggenommene Resignation, ein schon vorweggenommenes Geständnis der Ohnmacht.
Guido: Du bist doch ...
Das Mädchen, nach einem weiteren Augenblick der Ungewißheit, schüttelt den Kopf, immer noch lächelnd, mit einem Schein von zartem Mitleid und Enttäuschung. Dann entschwindet sie.

Korridor und Treppenhaus des Hotels. Innen. Nacht.

Die große Kabine des Aufzugs kommt langsam herunter und bleibt dann stehen. Guido macht das Gitter auf, während der Liftboy die Tür der Kabine von innen öffnet. Vor Guido, der gerade eintreten will, steht aufrecht ein alter Prälat, dessen goldenes Brustkreuz und die roten Knöpfe darauf deuten, daß er ein Kirchenfürst ist. Sein Gesicht ist wächsern, sein Blick starrt ins Leere. Neben ihm steht ein kleiner, geschäftiger, aufmerksamer Priester. Guido zögert einen Moment, auch weil es scheint, daß der Kardinal ihn noch gar nicht bemerkt hat. Trotzdem, noch immer ohne ihn anzusehen, nickt dieser leicht mit dem Kopf, als würde er ihn auffordern, einzutreten. Guido tritt ein, der Liftboy schließt Gitter und Kabinentür, und der Aufzug fährt hinunter zum Erdgeschoß.

Aufzugskabine des Kurhotels. Innen. Nacht.

Guido hat sich an die Wand des Aufzugs gelehnt, gegenüber der Wand, an der der Kardinal steht, sich ebenfalls leicht daran stützend. Das Schweigen ist voller Peinlichkeit. Guido mustert diese wächserne rätselhafte Gestalt, die ihn weiterhin nicht zur Kenntnis nimmt.
Endlich erreicht der Aufzug das Erdgeschoß und bleibt stehen. Die Tür und das Gitter öffnen sich. Guido tritt zur Seite, um dem Prälaten den Vortritt zu lassen, der nochmals ganz leicht mit dem Kopf nickt und hinausschwebt, indem er kaum den Boden berührt, eilfertig von dem kleinen Priester gefolgt, der ihm den Arm reicht, als wolle er ihn bei jedem Schritt stützen. Guido verbeugt sich leicht und verläßt dann, nach den beiden Geistlichen, ebenfalls den Aufzug.

Halle des Kurhotels. Innen. Nacht.

Zwei ältere Priester, die in einer Ecke der überfüllten Hotelhalle sitzen, erheben sich eilig und gehen dem Kardinal entgegen. Sie küssen seinen Ring, bilden dann eine kleine Gruppe mit ihm und dem Priester und unterhalten sich mit gedämpfter Stimme. Guido, der aus dem Aufzug getreten ist, hat diese Begegnung mit seinen Blicken verfolgt. Doch sofort nähert sich ihm ein Mann, der heftig auf ihn einredet. Seine Erscheinung ist lakaienhaft, etwas zweideutig, und seine Kleidung ist von jener gewissen neureichen Eleganz. Es ist Cesarino, der Aufnahmeleiter.
Cesarino: Guten Tag, Dottore! Ich habe die Alten mitgebracht.
Guido ist erstaunt, bereits verärgert und abwehrbereit.
Was den Vater betrifft ...
Sogleich wird Guido von einem anderen Mann überrumpelt, der auch schon auf ihn gewartet hat. Er hängt sich bei Guido, der sich gerade einen Weg bahnen wollte, ein und schleift ihn mit sich. Er läßt einen Redeschwall los über all das, was ihm auf dem Herzen liegt, ohne lange Vorrede, in aggressivem Ton, den er kaum merklich, aus gewissem Respekt dem Regisseur gegenüber, dämpft.

Dieser Neuhinzugetretene ist ein massiger, vierschrötiger Mann mit stark vortretenden Backenknochen, wie man es bei den altrömischen Statuen sieht, und mit schwarzen Haaren, die in einem sehr kurzen Bürstenschnitt vom Kopf abstehen. Es ist der Produktionsleiter. Er heißt Bruno.
Ihm zur Seite steht ein Mann mittleren Alters. Er trägt Mantel, Hut und Schal; unter dem Arm hält er eine große Mappe. Er ist äußerst respektvoll und schweigsam; der Buchhalter.
Bruno: Hör mal, entweder wir machen es aus Beton, und es kostet fünfzig Millionen, oder wir machen es aus Holz, und die Versicherung deckt das Risiko nicht. Was willst du machen?
Irritiert löst Guido seinen Arm aus dem des anderen.
Guido: Häng dich bitte nicht immer bei mir ein. Verzeih, aber das ist etwas, was ich nicht leiden kann. Und bind dir doch mal eine Krawatte um!
Bruno kann sich nur noch mit Mühe im Zaum halten.
Bruno: Gut, nächstesmal werde ich einen Frack anziehen. Ich werde dem Ingenieur sagen, daß ich alles hinschmeiße und gehe ...
Guido hört ihm nicht mehr zu. Auf einem Sessel, nicht weit entfernt, sitzt ein junges Mädchen. Sie ist elegant, groß, schlank und winkt ihm mit der Hand zu, als wolle sie ihm ihre Anwesenheit kundtun.
Edy (in höflichem, süß-säuerlichem Ton): Endlich!
Guido unterbricht Bruno.
Guido (verärgert): Wer hat denn die kommen lassen?
Ein sehr gepflegter Herr mit weißen Haaren, einem rosigen Gesicht, schwarzem Mantel und dunkler Brille hat sich inzwischen von seinem Platz auf dem Sofa, wo er zwischen Carini und Edy saß, erhoben und geht auf Guido zu. Es ist Mattia, der Agent des Mädchens.
Mattia: Darf man den Dichter begrüßen? Du siehst gut aus.
Er hängt sich bei Guido ein und führt ihn zu Edys Sessel, indem er in freundschaftlich-vertraulichem, aber leicht vorwurfsvollem Ton fortfährt zu reden.
Mattia: Hör mal, sie mußte durch das Warten zwei Verträge sausen lassen. Dann warten wir immer noch auf das Drehbuch ... Ich kann dir in verschiedenen Dingen nützlich sein.

Guido küßt jetzt Edys Hand, die sie ihm lässig reicht, ohne sich zu erheben.
> *Edy* (in etwas aggressivem, scherzhaft-feindseligem Ton): Ich weiß nur eins, daß ich ständig neue Kleider anziehen muß, französisch sprechen muß und dann, hat man mir gesagt, muß ich Spaghetti essen ... Seit einem Monat tu ich das. Ich habe schon drei Kilo zugenommen.

Guido ergreift die Gelegenheit, dem Gespräch zu entkommen und das Mädchen etwas zu tätscheln. Er greift ihr scherzhaft an die Schenkel.
> *Guido:* Wo? Laß mal fühlen ...

Edy ignoriert dies und wendet sich an Carini.
> *Edy:* Sie machen das Drehbuch, nicht? ... Gibt es diese Rolle überhaupt? ...
> *Carini* (sehr ernst, zu Guido): Was muß sie machen?

Guido begrüßt gerade einen mit sportlicher Eleganz gekleideten englischen Journalisten, der tief in einem benachbarten Sessel hängt, ein Glas in der Hand.
> *Guido:* Wir wollen mal sehen ... Hello!

Der schlaksige Journalist spricht gelöst, humorig.
> *Englischer Journalist:* I don't want to bother you ... Das Hotel ist schön, die Bar all right ... but I have only two questions ...

Guido lächelt ihm verbindlich zu und winkt beruhigend mit der Hand.
> *Guido:* Später ... selbstverständlich ...

Jetzt steht Cesarino wieder vor ihm.
> *Guido:* Was willst du denn?
> *Cesarino:* Die drei Alten.

Guido wendet sich dem Journalisten zu.
> *Guido:* Excuse me ...

Jetzt, während Guido auf sie zugeht, erheben sich vom Sofa drei alte Komparsen. Alle drei wirken sie servil, aufgeregt; sie sind sehr sorgfältig gekleidet. Guido winkt kurz grüßend zu, dann mustert er sie aufs genaueste, fühlt sich aber schon von ihren erwartungsvollen Mienen belästigt.
> *Guido:* Sehr gut. Sehr gut.

Er will sich gerade entfernen, aber Cesarino hält ihn auf.
> *Cesarino:* Welchen nehmen Sie, Dottore? ...
> *Guido:* Die sind nicht alt genug ...

Cesarino: (übertrieben, erstaunt): Ja, was wollen Sie denn? ... drei Leichen? ...
Mit leicht anzüglichem Kichern deutet Cesarino auf einen der Alten und fügt hinzu:
... Der da ist schon seit zwei Monaten tot!
Der Alte, auf den Cesarino gedeutet hat, verzieht seinen Mund zu einem devoten Lächeln, läßt die Arme herabhängen, als wolle er sagen, er sei in der Tat tot.

Night-Club. Innen. Nacht.

Nachts verändert das Thermalbad sein Aussehen. Der Hauptpavillon verwandelt sich in eine Art grotesken Night-Club. Unter Sonnenschirmen und Markisen, wie sie am Strand benutzt werden, und die in diesem Fall die Gäste vor der Feuchtigkeit schützen sollen, hat man kleine Tischchen aufgestellt, rund um die Tanzfläche, deren Rand durch grelle Neonlämpchen abgesteckt ist. Weitere Neonlampen hängen zwischen den Bäumen. Ein Scheinwerfer strahlt das Orchester an, während die Lichtkegel anderer Scheinwerfer den Artisten folgen, die gerade eine Varietévorstellung geben.
Das Publikum ist reich, zufrieden, in Ferienstimmung. Ältere Damen mit Nerzstola, undurchdringliche Gesichter der Ehemänner, ein Publikum, das leicht zufriedenzustellen ist. An zwei zusammengeschobenen Tischen sitzt eine Gesellschaft, zu der auch Guido gehört. Die anderen sind Carini, Commendatore Pace, der Filmproduzent, in Begleitung einer kleinen, sehr auffallenden Schauspielerin (die nicht spricht).

Kurpark. Night-Club. Außen. Nacht.

Die Haltung des Produzenten Pace gegenüber Guido muß von großer Achtung und Bewunderung sein, so daß Guido sich dadurch noch mehr in Verlegenheit gebracht fühlt. Der englische Journalist wirft ihm hin und wieder eine unbekümmerte, aber dennoch genaue und gehaltvolle Frage zu. Dies alles geht Guido zutiefst gegen den Strich, und er versucht ständig, Antworten zu vermeiden, auf die er nicht vorbereitet ist. Gloria (vielleicht) mit Guido in einem Komplott (?).

Mezzabotta, Gloria, Bruno, Edy mit ihrem Agenten Mattia und der englische Journalist.

Guido, der sich in einem leicht verbockten Zustand befindet, lauscht der langen vertraulichen Rede, die ihm Mezzabotta mit gedämpfter Stimme hält, und hin und wieder greift er, mit närrischer Freude, in die banalen und vulgären Gespräche der Tischrunde ein.
An einem nicht weit entfernten Tischchen sitzt Carla, allein, würdevoll; ab und zu wirft sie einen künstlich zerstreuten Blick zu Guidos Tischrunde herüber. Von Zeit zu Zeit erinnert sich Guido ihrer, sucht sie dann mit den Blicken, die eine fast väterliche Besorgtheit ausstrahlen, vergißt ihre Anwesenheit jedoch schnell wieder.
Auf der Tanzfläche läuft gerade die Nummer von Maurice und Maya; er ist ein Mann um die Vierzig, mit eleganten und sicheren Bewegungen, in einen Frack gekleidet. Sie ist ein schönes dunkelhaariges Mädchen, in einem enganliegenden Lamékleid. Ihre Augen sind durch eine schwarze Binde verdeckt. Aufrecht und unbeweglich steht sie neben einer Tafel, während ihr Partner mit jener übertriebenen Ungezwungenheit der Conférenciers, mit leicht ausländischem Akzent, zum Publikum spricht.

Mezzabotta: Ich weiß, insgeheim denkst du, ich sei schwachköpfig geworden. Ich bin dreißig Jahre älter als sie ... Na und? Ich bin vielleicht ein Idiot ... ein alter Trottel ... der Dumme, der zahlt ... Gut, ich gebe alles zu ... Na und?
Guido: Aber nein, wieso? ... Ich, na hör mal! ...
Mezzabotta: Verstehst du den Grund? Warum entschließt sie sich, bei mir zu bleiben? Wegen des Geldes? Natürlich. Aber fürs erste ist sie bei mir. Ich mache mir keine Illusionen, nein. Das Geld, gut. Trotzdem fühle ich sie mir verbunden, so stark, wie ich es im Leben noch nie gefühlt habe. Du siehst sie ja. Sie ist einfach, lieb, nicht dumm. Sie hat alles, worauf es ankommt. Nur wegen des Geldes? Aber es gibt doch haufenweise junge Männer, die Geld haben, heutzutage! Soviel man nur will.

Guido: Sicher, sie liebt dich auch, das ist klar...

Durch den Applaus des Publikums werden sie unterbrochen. Auf dem kleinen Podium hat Maya soeben mit verbundenen Augen eine siebenstellige Zahl in großen Ziffern mit Kreide an die Tafel geschrieben. Maurice verbeugt sich und fährt fort.

Maurice: Machen wir noch eine Probe, um zu beweisen, daß es sich nicht um Zufall handelt oder daß vielleicht gar ein Trick dabei ist... Ich übertrage in der Tat meine Gedanken auf Mademoiselle Maya...

Noch während er spricht, steigt Maurice vom Podium herab und geht immerfort sprechend unter das Publikum.

An Guidos Tisch geht die Unterhaltung weiter.

Pace: Tatsache ist, daß schöne Frauen heutzutage aus der Mode gekommen sind. Heutzutage müssen Frauen auch intelligent sein...

Guido greift wieder in seiner gewohnt scherzhaften Art ein und widerspricht ihm.

Guido: Bitte, sag nichts Schlechtes über die Intelligenz; das ist zu leicht geworden; und außerdem sind wir von lauter Idioten umgeben...

Dann widmet er sich wieder ganz dem Gespräch mit Mezzabotta, während ihn vom Tischende noch eine witzige Bemerkung Carinis erreicht.

Pace: Uns gefällt's, weil wir Intellektuelle sind, aber dem Publikum...

Mezzabotta: Sie hat nicht das geringste getan, um mich rumzukriegen. Nie ein Wort über meine Frau, über meine Familie, nie ein Vorwurf...

Guido: Wo hast du sie kennengelernt?

Mezzabotta: Sie war eine Schulkameradin meiner Tochter...

Gloria, die etwas neugierig und mißtrauisch geworden ist, schaltet sich ein.

Gloria: Was redet ihr zwei denn?

Mezzabotta: Nichts, nichts... (zu Guido) Die Zukunft? Das Alter? Da muß ich lachen... Ich weiß, daß ich in zehn Jahren alt sein werde...

Guido: Und deine Frau?

Mezzabotta: Sie hat es nicht gut aufgenommen. Sie haßt

sie. Sie hingegen, denk dir, haßt sie nicht! Also jetzt, alles in allem, sags mir offen: bin ich ein Schwachkopf?

Guido: Aber nein ... Wenn du sie gern hast ...

Mezzabotta: Ja, ich habe sie gern ... Weil sie intelligent ist ... Sie kann alles beurteilen, die Leute, das Leben ... Auch sexuell passen wir gut zusammen, weißt du, sehr gut ... Wenn sie sich für mich entschieden hat, muß es doch einen Grund geben, meinst du nicht?

Er wendet sich dem Kellner zu und bestellt.

... Noch einen Whisky für mich ...

Gloria: Nein, du kriegst keinen Whisky, Limonade.

Mezzabotta (geschmeichelt, zu Guido): Schon spielt sie die Ehefrau. Das fängt ja gut an.

Gloria: Ich bitte dich, Puppi, sei nicht leichtsinnig. Eine Limonade ...

Vom tiefen Schweigen angesteckt, das um sie herrscht, bemerken auch die an der Tischrunde, daß Maurice ganz in ihrer Nähe ein weiteres Experiment vorführt. Man hört gerade noch die Stimme von Carini.

Carini: Mit der 16-Millimeter schafft man alles. Es genügen 50 Millionen ...

Maurice: Ecrivez, alors! ... Allez-y ...

Aufrecht vor der Tafel stehend, mit den noch immer verbundenen Augen, schreibt Maya in Druckbuchstaben: »DAS TRINKGELD IST IN DEN PREISEN INBEGRIFFEN.«

Das Experiment wird mit Heiterkeit und kräftigem Applaus quittiert, während Maurice allen, rechts und links, das Programm, das er in der Hand hält, vorweist und es zuletzt einem Herrn, der an einem Tisch sitzt, reicht. Dann nähert er sich, weitersprechend, dem Tisch, an dem auch Guido sitzt.

Maurice: Ich möchte klarstellen, daß meine Experimente vom Gesetz nicht verboten sind. Ich schalte bei niemandem den freien Willen aus. Ich beschränke mich darauf, meine Gedanken zu übertragen. Wie dies geschieht, weiß ich nicht, aber es geschieht ... (Er wendet sich an Guido) ... Bitte, mein Herr, wollen Sie hier einen Satz, eine Gleichung, einen Vers hinschreiben ... In irgendeiner Sprache ... Es ist nicht notwendig, daß ich die Sprache beherrsche ... weder ich noch Mademoiselle Maya ... Im Gegenteil, es ist besser, wenn wir sie nicht beherrschen ... Bitte, mein Herr ...

Guido: Ich weiß nicht ... Wenn Sie es vielleicht mit jemand anderem versuchen wollen ... ich ...
Maurice: Irgend etwas Beliebiges ...
Guido: Können Sie alles übertragen?
Maurice: Alles, was Sie aufschreiben wollen ...

In Guidos Gesicht taucht ein kurzes Lächeln auf, als sei ihm plötzlich ein Gedanke gekommen, der ihn gleichzeitig belustigt und interessiert. Er schreibt schnell und reicht Maurice das Blatt. Dieser liest etwas unsicher, beugt sich vor zu Guido und fragt ihn flüsternd, wahrscheinlich weil er den einen oder anderen Buchstaben nicht entziffern kann. Guido, immer noch mit dem gleichen Lächeln, nickt zustimmend.

Maurice: Vous êtes prête, Mademoiselle?
Maya: Oui.

Maurice studiert aufmerksam das Blatt, schließt die Augen, öffnet sie wieder, konzentriert sich.

Maurice: Ecrivez, Allez-y! ...

Maya schreibt langsam in großen Druckbuchstaben: ASANISIMASA. Maurice liest und wendet sich zu Guido, als wolle er seine Bestätigung hören, während das Publikum ungewiß schweigend wartet.

Maurice: »Asa-nisi-masa ...« Richtig?
Guido: Richtig.

Das Publikum applaudiert.

Mezzabotta: Was bedeutet das?

Guido zieht die Schultern hoch und lächelt leicht geheimnisvoll.

Küche in Bauernhaus. Innen. Nacht.

Zwei Frauenarme tauchen einen kleinen, ungefähr acht Jahre alten Jungen in einen mit Wein gefüllten Holzzuber. Gleich darauf wird ein zweiter Junge ungefähr gleichen Alters in den Bottich getaucht.
Das aufgeregte Freudengeschrei der Kinder erfüllt die große Bauernküche, die mit ihren vielen kleinen dunklen Winkeln nur von einer Petroleumlampe und dem Flackern des Kaminfeuers erleuchtet ist.

Zwei alte Frauen, die Großmutter, mit dem runzligen bäuerlichen Gesicht, und die Amme, eine robuste Frau mittleren Alters, mit noch blondem Haar, reiben energisch die Körper der beiden

Kinder ab, die im Wein planschen. Die dionysische Erregung der Kinder wird immer größer und entwickelt sich zu einem ausgelassenen, schon fast zügellosen Freudenrausch. Sie spritzen sich gegenseitig an, schreien, verfallen in schallendes Lachen, versuchen, vom Wein zu schlecken und schreien sich Sätze zu, in denen die Silben verdoppelt werden, wie in dem bekannten Kinderspiel.

Michele: Oma! – Gui-si-do-so tri-sinkt de-sen Wei-sein...
Guido: Er auch!... Oma!... Auch Michele... Mi-si-che-se-le-se ist be-se-soff...

Halb beschwipst und schon ganz krank vor Lachen kommt Guido nicht mehr weiter. Der andere antwortet, auch er schallend lachend.

Michele: be-so-seff...

Auch er schafft es nicht mehr; in immer verrückterem und ausgelassenerem Gelächter versucht es Guido nochmals.

Guido: ...be-so-siff-so-sein...

Die beiden Kinder bespritzen sich gegenseitig, völlig überwältigt... Die Frauen fahren fort, die Körper der Kinder abzureiben, wiederholen mit immer lauterer und strengerer Stimme, manchmal einen kräftigen Nasenstüber versetzend, ihre Befehle, was die Fröhlichkeit der Kinder nur noch steigert.

Großmutter und Amme: Halt still!... Weg mit den Händen!... Nicht schlecken!... Ruhig, hab ich gesagt!... Hast du gehört! Willst du eine?... Paß auf, gleich setzts was ab!... Da!...

Jetzt werden die Kinder kurzentschlossen herausgezogen und wie Mumien in große Handtücher gewickelt. Die zwei Frauen reiben sie kräftig ab, während die Kinder weiterlachen und strampeln.

Amme: Das tut gut, das tut gut!... Wirst sehen, wie du dich morgen stark fühlst!... Halt dich ruhig! Bleib still...
Großmutter: Ins Bett... Schlafen...

Noch immer bis zur Nase in die Handtücher gewickelt, werden die zwei Kinder von den starken, zuverlässigen Armen der Frauen gehoben und über die halbdunkle Treppe in ihre Zimmer hinaufgetragen.

Das ruhige, viereckige Gesicht der Amme schwebt über Guidos Augen, der es genießt, wie er wiegend über die Treppe hinauf getragen wird, die in immer dichterem Schatten versinkt; ein Gefühl völligen Sichtreibenlassens in glücklicher Sicherheit überkommt ihn ... Die Schatten tanzen um ihn, und die Zimmerdecke zerfließt in der Dunkelheit.

Schlafzimmer im Bauernhaus. Innen. Nacht.

Guido wird in ein großes Himmelbett gelegt, das in der Ecke eines geräumigen Zimmers steht, ein ländliches Zimmer, das nur schwach von einer kleinen Petroleumlampe erhellt ist.
Die Bettücher wölben sich über dem Holzgestell, das im Innern des Bettes die Heizpfanne umgibt. Die Amme zieht das Gestell heraus und legt den Buben ins Bett. Guido kuschelt sich ins warme Lager in einem Urgefühl absoluter Seligkeit. Immer undeutlicher hört er das dumpfe Murmeln der Amme, deren Hände die Decken um ihn feststopfen und deren Gesicht sich über ihn beugt. Im schwachen Licht der kleinen Lampe sieht er, wie sie sich entfernt, dann wieder nähert. Deutlich hört er nur noch folgende Worte:
    Amme: ... das Kreuzzeichen. Im Namen des Vaters, des Sohnes und des Heiligen Geistes ...
Unter der Decke bekreuzigt sich Guido schnell, bereits halb im Schlaf.

Mit halbgeschlossenen Augen folgt er noch den gleichmäßigen Bewegungen der zwei Alten, jedoch bemerkt er nicht einmal mehr den Moment, wo sie das Zimmer verlassen; seine Blicke schweifen zu den geheimnisvollen Linien des Baldachins über seinem Kopf, zu den Möbeln, die im tiefen Halbdunkel untertauchen und zu dem Widerschein der kleinen Lampe auf den weißgetünchten Wänden.
Die Fensterläden knarren im Wind, der hin und wieder auch durch den Dachboden heult.
Guido, unter den Decken fest eingerollt, läßt sich treiben auf einem Meer von geheimnisvoller unbewußter Glückseligkeit.

Halle des Kurhotels. Innen. Nacht.

Spät in der Nacht.
Guido kehrt allein ins Hotel zurück. Der Portier hängt halbschlafend hinter dem Empfangstisch. Er hört Guidos Schritte, blinzelt und öffnet die Augen.
> *Portier:* Dottore, es ist zweimal angerufen worden für Sie, aus Rom. Ihre Frau...

Guido zeigt, fast unmerklich, eine gewisse Enttäuschung.
> *Guido:* Wann?
> *Portier:* Das erstemal vor einer Stunde, und jetzt, ungefähr vor zehn Minuten...

Guidos Gesicht zeigt sich nochmals einen Augenblick lang verärgert.
> *Guido:* Verlangen Sie ein Gespräch mit Rom, bitte. 794.722. Verlangen Sie ein Blitzgespräch.
> *Portier:* Das ist nicht nötig. Um diese Zeit kommt man sofort durch. Soll ich es aufs Zimmer schalten?
> *Guido:* Nein. Geben Sie es mir hier.

Während der Portier die Verbindung verlangt, tritt aus dem Schatten des Treppenaufgangs der Buchhalter hervor; er kommt auf Guido zu.
> *Buchhalter* (leise): Der amerikanische Schauspieler ist angekommen... er ist drüben... wartet schon seit zwei Stunden...

Guido macht eine Bewegung, die sowohl Neugier wie lebhaften Unwillen ausdrückt. Er geht zu dem großen verlassenen Aufenthaltsraum hinter der Halle und streckt fast vorsichtig seinen Kopf hinein, um nachzusehen.
Tief in einen Sessel versunken, den Kopf auf die Lehne gesenkt, schläft ein großer, eleganter Mann.
Der Buchhalter will ihn wecken, aber Guido hält ihn schnell zurück.
> *Guido:* Nein, nein... laß ihn... Morgen...

Er geht zur Halle, wo schon das Telefon läutet.
Der Portier, der in seiner Loge bereits abgenommen hat, deutet auf die Telefonzelle.
> *Portier:* Hallo, Rom, Dottore...

Anstatt zur Zelle zu gehen, stellt sich Guido an die Loge und

nimmt dem Portier den Hörer aus der Hand.
>*Guido:* Hallo, j-a...

Es erklingt die geschäftsmäßige Stimme des Fräuleins vom Amt.
>*Fräulein:* Rom... Hier Ihre Verbindung mit Rom... Sie können sprechen...

Fast gleichzeitig ertönt durch den Hörer lebhaftes Stimmengewirr, während Guido sich meldet.
>*Guido:* Hallo – Luisa...?

Jetzt hört man eine laute, fast scherzhafte Männerstimme.
>*Stimme D'Andrea:* Da ist er, Luisa!...

Sofort schaltet sich eine Frauenstimme dazwischen, die wiederholt.
>*Stimme Tina:* Luisa!... Da ist Guido!...

Dieselbe Stimme, jetzt an Guido gerichtet, während im Hintergrund lebhaftes Gelächter zu hören ist.
>*Stimme Tina:* Wo kommen Sie denn her, Sie Vagabund, um diese Zeit? Schöne Kur, was?...

Guido fühlt sich belästigt und kann sich nur schwer dem plumpwitzigen Ton anpassen. Er begrüßt die Person, deren Stimme er schon erkannt hat.
>*Guido:* Ciao Tina,... Ciao... Könnt ihr mir Luisa geben?...
>*Stimme Tina:* Ja,... da ist sie.

Sogleich darauf kommt Luisas Stimme, etwas heiser und trotz der Munterkeit, von der sie umgeben ist, ernst.
>*Stimme Luisa:* Guido? Ich hab dich zweimal angerufen. Wo warst du?
>*Guido:* Ich weiß, es tut mir leid. Ich war auf Carinis Zimmer. Ich habe bis jetzt gearbeitet. Wie gehts dir?
>*Stimme Luisa:* Und du?... Tut dir die Kur gut?... Spürst du, daß es dir gut tut?
>*Guido:* Ich glaube schon... aber ich muß ja hier auch arbeiten... und du, was machst du?... amüsierst du dich?

Luisas Stimme nimmt jetzt einen Ton intimen Einverständnisses an.
>*Stimme Luisa:* Das übliche. Tina, Michela und Enrico sind hier. Wir waren bei Kita zum Abendessen...

Die Unterhaltung wird immer mühsamer.
>*Guido:* Ah, ja... Kita... Und was machst du jetzt? Gehst du ins Bett?

Stimme Luisa: Ich geh jetzt ins Bett ... Sie waren gerade beim Weggehen, als du anriefst. Und du, amüsierst du dich, dort? ... Hast du jemanden gefunden?
Guido: Es ist furchtbar langweilig! ... Schrecklich ... Was kann man hier schon unternehmen? Ein Kurort ...
Luisas Stimme wird fast aggressiv vor Ungläubigkeit.
Stimme Luisa: Hast du niemand Bekannten getroffen? Bist du immer allein? ...
Guido: So ungefähr ...
Dann, um seine Aufmerksamkeit glaubhaft zu machen und ein bißchen auch aus ehrlicher Zuneigung zu seiner Frau in der Ferne, fügt er schnell hinzu:
... Warum kommst du mich nicht besuchen? ... Du kannst ja kurz mal herkommen ... Nicht? ...
Aber plötzlich wird das Gespräch unterbrochen von der Frauenstimme, die sich wieder scherzend dazwischenschaltet.
Stimme Tina: Nun, wann fängst du eigentlich mit diesem Film an? ...
Guido (etwas mißmutig): Was weiß ich! ... Komm, laß mich noch mal mit Luisa sprechen ...
Schon hört man wieder Luisa, bei der eine schlecht überspielte Angst mitklingt.
Stimme Luisa: Also soll ich kommen. Willst du, daß ich komme?
Guido, der seine Worte von vorher schon etwas bereut, antwortet mit übertriebener Betonung.
Guido: Aber ja, natürlich ... Wie du willst ... Komm ... Wenn es dich freut.
Luisa: Wenn es dich freut ...
Und wieder werden sie unterbrochen.
Stimme Fräulein vom Amt: Sprechen Sie weiter? ...
Guido: Nein, nein ... Gute Nacht, Luisa ... Ciao ... komm ...
Durch den Hörer tönen vermischt die Stimmen Luisas und der anderen, die ihn grüßen.
Luisa: Wann soll ich kommen? Gut, gut, ciao ...
Stimmen: Ciao, alter Spaßvogel ... kurier dich ... Ciao ...
Die Verbindung wird abgebrochen. Guido bleibt noch einige Augenblicke nachdenklich stehen, während er den Hörer auflegt. Dann geht er langsam die Treppe hinauf.

Portier: Gute Nacht, Signore.
Guido: Gute Nacht...

Hotel. Arbeitsraum der Produktion. Innen. Nacht.

Ehe Guido auf sein Zimmer geht, wirft er einen Blick in den großen Raum, wo sich die Leute von der Produktion eingerichtet haben.
An den Wänden hängen zahllose Photos von Schauspielern, Schauspielerinnen, Aufnahmen von Drehplätzen, große Tafeln; ein langer Produktionsplan, auf dem noch nichts eingezeichnet ist. Auf Pulten stehen kleine Baumodelle und liegen die verschiedensten Gegenstände, Manuskripte, Mappen, einige Kostüme, Papierrollen mit Entwürfen usw.
An einem kleinen Tisch in der Ecke sitzt der Buchhalter, ganz allein, unter einem Lämpchen, der einzigen eingeschalteten Beleuchtung des riesigen Raumes. Er arbeitet ernst und konzentriert. Er nickt Guido kurz und vertraulich zu und arbeitet sogleich weiter.
Guido schlendert etwas zwischen den kleinen Modellen, den Tischen und den Mappen herum, bleibt bei den Photos stehen, betrachtet sie, winkt dann dem Buchhalter wortlos zu und verläßt den Raum.

Hotel. Guidos Schlafzimmer. Innen. Nacht.

Guido öffnet die Tür und tritt ein. Plötzlich wird er von einer tiefen und unwirklichen Stille umfangen. Das dunkelhaarige Mädchen, das ihm schon früher erschienen war, ist gerade dabei, sein Bett zu richten. Sie trägt die Kleidung eines Zimmermädchens; sie dreht sich um, lächelt ihm zu, als würde sie auf etwas warten.
Guido blickt sie einen Augenblick an, ohne zu sprechen. Auch er lächelt. Fast mit Anstrengung und wie um zu verhindern, daß das Mädchen wieder entschwindet, fragt er dann mit tonloser Stimme:
  Guido: Wie heißt du?...
  Claudia: Claudia...

Guido bewegt sich langsam auf sie zu, nimmt ihre Hand, die sie ihm lächelnd überläßt, wenn auch ihr Lächeln jetzt eine Spur von Verwirrung zeigt.
Guido: Claudia? ...
(Überblendung)
Guido und Claudia liegen nebeneinander im Bett.
In der unwirklichen Stille, die sie weiterhin umgibt, klingen ihre Stimmen etwas verfremdet.
Claudia: Willst du, daß ich hier bleibe, und du kommst mich manchmal heimlich besuchen? Mir macht das nichts aus. Willst du nächstes Jahr wiederkommen und wiederbeginnen? Ich warte auf dich. Oder willst du mich nicht wiedersehen? Auch das ist möglich, wenn du es so willst ... Willst du, daß ich mit dir komme? Ich will dir nur nicht zur Last fallen, das ist alles ...
Guido: Du würdest mit mir kommen?
Claudia: Noch heute, wenn du willst. Ich müßte nicht einmal mehr nach Hause ...
Guido: Fortgehen und alles von vorne anfangen ... Das erschreckt dich nicht? Du weißt, daß ich dich nicht heiraten könnte. Weißt du, was das für ein Leben für uns wäre? ...
Claudia: Sich trennen zu müssen, wäre schlimmer ...
Guido: Schau mir in die Augen: mit einem einzigen Wort sage ich dir, was ich bin: ein Feigling ...
Claudia: Das glaub ich nicht. Und wenn es auch so wäre ...
Claudia gibt Guido einen stürmischen Kuß, der von Guido ebenso heftig erwidert wird.

Carlas Schlafzimmer im Hotel. Innen. Tag.

Das Zimmer liegt im Halbdunkel, nur wenige Sonnenstrahlen dringen durch die geschlossenen Jalousien. Guido sitzt neben dem Bett, in dem Carla schwer atmend liegt und schläft. Sie ist halbnackt und schweißgebadet. Kurz darauf schlägt sie plötzlich die Augen auf und starrt Guido an. In der Dunkelheit erscheint es, als würden diese kleinen unbeweglichen Augen geheimnisvoll leuchten. Guido betrachtet sie schweigend und etwas bestürzt; er spricht mit gedämpfter Stimme in einem Ton, der nicht besorgt wirken soll.

Guido: Hast du schon früher mal so hohes Fieber gehabt?
Carla fährt sich immer wieder über die schweißnasse Stirn.
Carla (etwas benommen): Es kommt ganz plötzlich. Bei jeder Kleinigkeit! Und sofort steigt es auf 39 oder 40. Dann vergeht es wieder. Mein Mann weiß das genau. Der kennt mich und regt sich darüber nicht mehr auf...
Sie stützt sich auf den Ellenbogen, keuchend wie ein kräftiges Tier, weiß aus dem Halbdunkel leuchtend.
...Heiß ist mir, einen Durst hab ich...
Guido reicht ihr ein Glas Wasser vom Nachttisch, das sie in einem Zug austrinkt. Guido läßt keinen Blick von ihr, als sähe er sie zum erstenmal, mit einer Mischung aus Bestürzung und Distanz.
Nachdem Carla ausgetrunken hat, blickt sie um sich und fährt mit einem halben Lächeln, etwas benommen fort.
Carla: Du wirst mirs kaum glauben, aber ich weiß nicht, ob es Tag oder Nacht ist.
Guido ist erstaunt und erschreckt.
Guido: Wie?... Es ist doch vier Uhr. Natürlich vier Uhr nachmittags. Du hast vielleicht zehn Minuten geschlafen... Jetzt hören wir mal, was der Arzt meint, dann dachte ich mir, dürfte es besser sein, deinem Mann zu telegraphieren. Es ist zwar nichts Schlimmes, aber wir können es nicht verantworten, ihn nicht zu benachrichtigen...
Carla faßt sich an die Stirn. Sie nimmt Guidos Hand, führt sie erst an ihre Stirn, dann an ihre Brust.
Carla: Fühl mal, wie heiß... ich glühe! Es ist noch gestiegen, weißt du. Ich hab sicher vierzig.
Sie legt sich wieder zurück und sagt scherzend:
...Denk mal, wenn ich sterben würde!...
Guido: Ich weiß genau, daß es nichts Schlimmes ist... Das ist es nicht... Wenn ich immer hier sitzen könnte, aber ich kann nicht, das weißt du ja... Wie soll ich dich in diesem Zustand allein lassen... Warum, zum Teufel, mußtest du auch so viel von dem Wasser trinken!... Du hast es doch gar nicht nötig. Das bekommt nämlich nicht allen...
Carla: Was weiß denn ich... Wegen einem bißchen Wasser... das trinken doch alle...
Sie streichelt Guido und sagt gutartig, fast mütterlich:
...Ja, Liebling, vielleicht ist es besser, wir schicken ihm ein

Telegramm ... Dann bist du beruhigt. Du hast solche Angst! Immer hast du Angst vor Verantwortung ... Wie frisch du dich anfühlst ... Gib mir ein bißchen Eis ...

Guido starrt sie einige Augenblicke schweigend an. Er ist von ihrem Ton und ihren Worten, die so unerwartet und vielleicht unfreiwillig scharf herauskamen, betroffen; dann reicht er ihr eine Tasse mit Eiswürfeln.

Carla nimmt einen Würfel und fährt sich damit übers Gesicht; dann lutscht sie daran.

Carla: Willst du auch einen, mein Schatz? Das tut gut ...

Guido wirft verstohlen einen Blick auf die Uhr.

Guido: (scherzend): Du liegst im Sterben, aber wenn es darum geht, etwas zu lutschen! ...

Carla lacht, indem sie weiter an einem Eisstück lutscht, dann sagt sie gelassen, aber immer noch etwas benommen:

Carla: Ich habe schon vor zwei Jahren mein Testament gemacht. Im Ernst ... Sein Testament zu machen bedeutet schließlich nicht, daß man früher stirbt ... Nein, da ich nämlich auch eine Schwester und einen Bruder habe, möchte ich, daß mein Mann die Wohnung bekommt, wenn ich sterbe. Die Wohnung gehört mir. Ich will, daß er dort bleiben kann, wie käme er sonst zurecht, der Ärmste? ... Auch wenn er sich wieder mit einer anderen verheiratet, wenn ich gestorben bin, oder? ...

Sie wirft das Leintuch zur Seite und dreht sich schwerfällig um. So liegt sie da, halb nackt, mit der schneeweißen Haut. Sie redet weiter, jetzt mit einer deutlicheren Nuance fieberhafter Benommenheit.

... Ich kann nicht einmal das Leintuch ertragen ... Auch als Kind bekam ich solche Fieberanfälle ... Ganz hohes Fieber, ich phantasierte ... Weißt du, Delirien, und ich genierte mich furchtbar vor dem Arzt! Auf der Straße ging ich auch immer ganz krumm, weil ich mich vor den Männern schämte ... Ich glaubte, daß mein Busen zu groß sei. Ich stellte mich nackt vor den Spiegel und guckte mich an, im dreiteiligen Spiegel, dem von der Mama ... Mit dreizehn war ich schon fast so entwickelt wie jetzt, auch schon genau so groß ...

Sie bricht plötzlich in der Rede ab, schließt die Augen und fällt erneut in einen anscheinend tiefen Schlaf. Guido fühlt sich sehr

unbehaglich, blickt nochmals auf die Uhr, unschlüssig, was er tun soll, aber mit dem eindeutigen Wunsch, sich aus dem Staub zu machen. Er wird jedoch von einem unterdrückten Schluchzer Carlas zurückgehalten; er beugt sich über sie.
Guido (leise): Carla...
Er sieht, daß Carla mit geschlossenen Augen weint. Guido ist gerührt und etwas ratlos.
Guido (zärtlich): Was ist?... Was hast du?...
Noch immer mit geschlossenen Augen antwortet Carla mit der Stimme eines weinenden Kindes.
Carla: Ich will nicht, daß es schon aufhört... Wenn wir meinem Mann telegraphieren, dann kommt er mich sofort holen... Ich habe alle meine hübschen Kleider mitgebracht...
Guido lächelt mit belustigter Zärtlichkeit. Er streichelt sanft ihren Kopf, aber Carla ist plötzlich wieder eingeschlafen, und diesmal ist ihr Schlaf sehr tief. Guido setzt sich leise neben ihr Bett und horcht auf ihren schweren Atem; nach und nach erliegt er dem Zauber dieses üppigen weichen weißen Frauenkörpers, der da fast nackt im Halbschatten ruht und seinen Geist und seine Augen bezaubert.

Hof des Internats. Außen. Tag.

Pause in einem düsteren Internatshof. Auf dem staubigen Platz, der zur Straße hin durch einen hohen Drahtzaun abgesperrt ist, tollen etwa vierzig kleine Jungen in Schuluniform herum. Sie laufen, springen, rempeln sich an oder lehnen an der nackten Mauer des Schulgebäudes, alles unter lautem Gejohle. Die meisten spielen Ball, einer sitzt auf einer alten, quietschenden Schaukel, andere stehen gelangweilt in Gruppen um den Präfekten, einen dürren, ausgehungerten, schmuddeligen Jüngling, mit zottigen langen Haaren, der die Aufsicht über die Kinder hat. An dem Maschendrahtzaun hängen einige Gassenbuben, die den Internatsjungen Schimpfworte oder Aufmunterungen zuschreien, da sie selber nicht mitspielen dürfen.
Ein Junge in Institutskleidung, in welchem Guido sich offenbar

selbst als Halbwüchsigen wiedererkennt, ist eifrig dabei, etwas von dem Gespräch aufzuschnappen, das einige seiner größeren Kameraden mit gleichaltrigen Jungen jenseits des Zaunes führen. In seinem Gesicht spiegelt sich die sündhafte Anziehungskraft, die der Gegenstand des Gesprächs, das er vielleicht nur erraten hat, auf ihn ausübt. Er bleibt einige Schritte von den anderen entfernt stehen, dann nähert er sich langsam.

Die Jungen: – Man braucht sechs ... sechs pro Kopf. – Hast du sie schon gesehen? – Schon oft! – Wie ist sie denn? – Ich habe vier. – Wenn du drei Knöpfe verkaufst, kriegst du dafür sechs Soldi.

Guido betrachtet die goldenen Knöpfe seiner Institutstracht, wirft instinktiv einen Blick über die Schulter, als fürchte er das Auftauchen eines Vorgesetzten, dann kommt er noch näher.

Die Jungen: – Warum heißt sie ›Saraghina‹? – Ich weiß, wo sie wohnt. – Man muß nur das Geld haben, sonst gibts nichts. – Aus der Nähe?

Pfad am Strand. Außen. Tag.

Sechs oder sieben Buben, einige von ihnen in Internatstracht, laufen wild durcheinander über einen Pfad, der zum Strand führt.

Guido ist der letzte. Er wendet sich oft um, zugleich besorgt und verstört. Er bleibt stehen und scheint einige Augenblicke lang unschlüssig, ob er weiterlaufen oder ins Internat zurückkehren soll.

Die anderen laufen weiter, ohne ihn zu beachten. Endlich, sich ganz dem verbotenen Gelüst ausliefernd, rennt Guido Hals über Kopf los, erreicht die andern und überholt sie.

Die Gassenjungen, die den Weg schon kennen, führen die andern. Man hört ihre Stimmen durch das Rauschen des nahen Meeres rufen.

Gassenjungen: – Hierher! Dort ist sie! – Da hinten!

Weit hinten am Strand steht ein kleiner alter Betonbunker; eine sinnlose Ruine, fast eine Höhle.

Dichter, stinkender Rauch qualmt aus einem flüchtig gebauten Steinherd, der neben dem Eingang dieser schäbigen Wohnstatt

steht; ein schwarzer Kessel hängt über den Flammen des brennenden Reisigs.
Die Buben sind jetzt stehengeblieben; sie rücken eng zusammen, als überkäme sie eine instinktive Furcht.
Sie sind erregt, aber auch verstört und verängstigt. Sie halten sich in respektvollem Abstand von dem Bunker, einer beginnt zu rufen.
Junge: Saraghina!? ... Saraghina! ...
Da niemand erscheint und keine Antwort kommt, machen zwei oder drei Buben Anstalten, hinzugehen, die andern aber halten sie zurück.
Jungen: Sie ist bös! – Sie haut auch drein! – Warte mal, vielleicht ist sie gar nicht da – Natürlich ist sie da, siehst du nicht das Feuer?
Sie fangen wieder an zu rufen, indem sie sich ganz vorsichtig nähern.
... Saraghina!? ... Saraghina! ... Wir haben das Geld, Saraghina! ...
Eine massige Gestalt, majestätisch in ihrer zerlumpten Schwerfälligkeit, erscheint auf der Schwelle der Höhle: eine Frau um die Vierzig, ungekämmt, gekleidet wie eine Bettlerin. Ihre animalisch üppigen Formen sind noch keineswegs verfallen; sie haben Spuren einer früheren Schönheit bewahrt. Drohend, aggressiv, wild steht sie da. Grausamen Hohn gewohnt, überschüttet sie die Buben sogleich mit einem Schwall von Flüchen.
Saraghina: Fort mit euch! ... Verschwindet, ihr Bastarde! ... ihr Scheißkerle! ... Gesindel! ... Verschwindet! ...
Die Gruppe weicht etwas zurück; die Kühnsten fangen wieder an zu rufen.
Jungen: Wir haben das Geld! ... Hier, Saraghina! ... Wir haben doch das Geld! ...
Einer von ihnen schwenkt die Hand und zeigt ihr von weitem ein paar Münzen.
Die Frau schaut jetzt genauer hin, brummelt etwas; dann ruft sie im gleichen aggressiven Ton:
Saraghina: Brings her!
Ein Junge gibt dem Kameraden, der das Geld hat, einen Schubs, doch dieser zieht sich zurück. Keiner traut sich nach vorn.
Jungen: Geh doch! ... Geh doch du ... – Schmeiß! Wirf sie ihr hin. – Nein! – da verlieren wirs ja im Sand! ...

Die Internatsbuben stehen wie auf glühenden Kohlen, und einer von ihnen unterbricht die Rufe.

Zögling: Macht schnell!...

Endlich wagt einer von ihnen, mit dem Geld in der Hand, sich zum Bunker vor.

Junge (mit fester Stimme): Wir sind zu acht. Sechs Soldi pro Kopf...

Er legt das Geld nicht weit entfernt von der Frau auf einen Stein, ohne den Mut zu haben, noch näher heranzugehen und weicht sogleich wieder einige Schritte zurück, während die anderen hintereinander langsam, vorsichtig und aufgeregt zu ihm treten.

Die Frau sammelt die Münzen ein, zählt sie langsam, richtet ihren Blick auf die Buben, zählt diese und dann nochmals das Geld.

Der Blick jedes einzelnen Buben haftet an ihr: begeisterte, verstörte, verängstigte Blicke. Einer ruft mit rauher Stimme:

Junge: Los, Saraghina!...

Die Saraghina steckt das Geld in die Tasche, dann vergewissert sie sich mit einem Blick, daß sonst niemand in der Nähe ist. Gespanntes Schweigen hängt in der Luft, nur vom Rauschen des Meeres unterbrochen, wie das Vorspiel zu einem geheimnisvollen Ritual. Langsam, mit fast feierlicher Gelassenheit, in ihrer animalischen Schamlosigkeit dreht die Frau den Buben den Rücken zu und hebt ihre Röcke bis zur Hüfte. Die Buben starren, hingerissen, verstört. Guidos Gesicht zeigt den Ausdruck tiefen Staunens und schrecklicher Verwirrung.

Mit derselben Ruhe dreht sich die Frau nun um, hebt, das Gesicht den Jungen zugekehrt, den Rock, den sie hatte fallen lassen, noch mal bis zum Gürtel hoch.

Der schwarze Rauch, der aus dem Herd qualmt, umgibt sie in Schwaden und läßt sie als mythische Gestalt erscheinen.

Aber plötzlich wird die kleine Gruppe durch einen Warnruf zersprengt. Die Buben rennen, von panischer Angst ergriffen, davon.

Eine Stimme: Der Präfekt!...

Offenbar schwinden hier Guidos Erinnerungen, und es bleibt nur, was ihm den stärksten Eindruck hinterlassen hat.

Ein dürrer, hagerer Priester mittleren Alters zerrt den halbwüchsigen Guido den Pfad entlang, indem er ihn, an einem Ohr packend, fast vom Boden hebt. Verstört, mit dicken Schweißtropfen und Tränen, die ihm übers Gesicht rinnen, wehrt sich der Junge gegen den schmerzhaften Griff. Aber der andere zerrt ihn erbarmungslos weiter ... Sowohl der Priester wie auch der Junge geben abgehackte Satzbrocken von sich, zornentflammt und voller drohender Entrüstung der eine, voll Schmerz und Jammern der andere, die Worte sind jedoch nicht genau zu hören ...

Abstellraum des Internats. Innen. Tag.

Im düsteren Licht des Abstellraums, der vollgestellt ist mit Geräten, Strohballen, zerbrochenen Möbeln, kniet Guido auf dem mit Maiskörnern bedeckten Fußboden.
Durch die Wände und die geschlossene Tür dringen die Geräusche des Internatsalltags; Schritte, das Geschrei der Jungen, das Läuten einer Glocke ...

Zimmer des Internatsdirektors. Innen. Tag.

Die Tür öffnet sich und Guido wird vom Präfekten ins Zimmer des Direktors geschoben. Dieser sitzt an seinem Schreibtisch. Was Guido aber vor allem erschreckt, ist die Anwesenheit einer hochgewachsenen, gutbürgerlich gekleideten Frau, die dem Direktor gegenübersitzt und sich jetzt, da Guido hereinkommt, erhebt. Es ist seine Mutter.
Ein Ausdruck schmerzlicher Entrüstung liegt auf ihrem Gesicht. Guido ist sofort stehengeblieben. Er starrt die Mutter an. Der Präfekt schiebt ihn noch weiter nach vorn; und die Mutter macht einige Schritte auf ihn zu. Der Junge starrt sie weiterhin angstvoll und beschämt an. Wahrscheinlich haben sowohl der Direktor wie auch die Mutter irgend etwas gesagt, aber die Worte sind in Guidos Erinnerung nicht mehr vorhanden. Er erinnert sich nur noch an den Ausdruck der Mutter, an seine eigene angsterfüllte Scham und an die zwei Ohrfeigen, die ihm die Mutter gegeben hat ...

Kapelle des Internats. Innen. Tag.

In der dunklen, stillen Kapelle kniet Guido jetzt auf einer Bank und wartet darauf, mit dem Beichten an die Reihe zu kommen. Auf anderen Bänken, weit voneinander entfernt, knien seine Kameraden. Guido erinnert sich nicht mehr gut an deren Gesichter. Er erinnert sich an die Stille, an die Dunkelheit, an das flimmernde Licht vor dem Altar und das geflüsterte Wechselgespräch, das vom Beichtstuhl her zu ihm dringt. Ein Priester kniet hinter den Buben und beaufsichtigt sie. Jetzt ist der Junge im Beichtstuhl fertig, Guido ist an der Reihe. Offenbar ist er in Angst und Nöten über dem, was er zu beichten hat.
Er zögert einen Augenblick, ehe er zum Beichtstuhl tritt und sich niederkniet. Er erinnert sich genau an den knarrenden Holzladen, der sein Gesicht seitwärts abschirmt, an das Gitterfenster, hinter dem er die gedämpfte Stimme des Beichtvaters hört, der sich gerade an den wendet, der auf der anderen Seite des Beichtstuhls kniet, er erinnert sich an das Warten, auf den entscheidenden Augenblick ... Und jetzt wird das Holztürchen hinter dem Gitter von innen geöffnet, und der warme Atem des Beichtvaters dringt durch die kreuzförmigen Öffnungen, eine gedämpfte Stimme wendet sich an ihn.
   Stimme des Beichtvaters: Wie lange schon? ...
Eine lange Pause, dann nochmals die Stimme des Beichtvaters:
   ... Weißt du nicht, daß die Saraghina der Teufel ist?
Und plötzlich ist die Kapelle erleuchtet, die Orgel spielt, der Priester am Altar zelebriert die Messe. Die Bänke sind gefüllt mit knienden Zöglingen. Guido ist sehr andächtig und ergriffen.
Die Kommunion.
Die Buben treten aus den Bänken, man hört nur ihr Füßescharren, in einer Reihe gehen sie zur Kommunionbank. Guido kniet sich auf die kalte Marmorstufe. Sein Kinn reicht gerade bis zum Rand der Altarbank.
Er folgt mit den Blicken dem Priester, der den anderen, die vor ihm knien, die Hostie reicht und der sich ihm langsam nähert, indem er jedesmal die gleichen liturgischen Formeln murmelt. Jetzt ist Guido an der Reihe. Der Priester steht vor ihm. Der Ministrant hält ein vergoldetes Tellerchen unter Guidos Kinn.
Guido schaut mit fasziniertem Blick auf den Priester und den Kelch.

Speisesaal im Hotel. Innen. Tag.

In dem riesigen Speisesaal des Kurhotels sitzt der Kardinal mit seinem jungen Sekretär an einem Tisch. Guido, der an einem ziemlich weit entfernten Tisch sitzt, beobachtet ihn aufmerksam. Nur die Nähe von Carini macht ihn nervös, der mit posierenden Manieren ißt, das Brot bricht, den Tee schlürft und die Tasse hebt und senkt.
Es ist Frühstückszeit, der Saal ist halbleer. Der Kardinal ißt schweigend, langsam, würdevoll, geheimnisvoll, als säße er allein unter einer Glasglocke.

Rasen vor dem Hotel. Außen. Tag.

Der Kardinal sitzt an einem Tischchen in der prallen Sonne. Auf seiner Brust glänzt das goldene Kreuz, auf dem Kopf trägt er die rote ›Mozzetta‹. Er schickt sich an, etwas zu schreiben.
Langsam nähern sich ihm zwei Kinder, wie von einem märchenhaften Weihnachtsengel angezogen, der aber auch Angst einflößen könnte, wenn er sich plötzlich bewegte.
Der Kardinal hebt leicht seinen Blick, sieht die Kinder, neugierig und schüchtern, in seiner Nähe und lächelt ein wenig gezwungen, wenn auch ehrlich und mit einfacher Herzlichkeit. Er winkt ihnen kurz zu mit seiner schneeweißen, langen, schmalen Hand, an der der Ring glänzt.
Ermutigt nähern sich ihm die Kinder und lehnen sich an die Armstützen des Sessels und an seine Knie. Sie wippen ein wenig und beschäftigen sich dann gleich mit etwas anderem.
Unvermeidlich berührt eines der Kinder das Brustkreuz und beginnt damit zu spielen. Mit wohlgefälligem Lächeln und offenbar auch weil es sich so gehört, läßt sich der Kardinal die Zutraulichkeit der Kinder gefallen.
Inzwischen sind noch weitere Kinder herbeigelaufen – einige im Cowboy-Kostüm. Sie sitzen alle im Gras und bilden einen kleinen Kreis um den Kardinal. Der Kleinste von ihnen ist dabei, auf die Schultern des Kardinals zu klettern und zeigt nicht die mindeste Hemmung. Der andere tändelt ungeniert mit dem goldenen Brustkreuz, das an einer Kordel um den Hals des Kardinals hängt.

Ausgestreckt auf einem Liegestuhl in der Sonne sehen wir, an seinem gewohnten Platz, die Augen hinter der unvermeidlichen Sonnenbrille versteckt, Wachspfropfen in den Ohren, Guido, der die Szene beobachtet hat. Auf den Knien hat er ein dickes Buch liegen, das er noch nicht aufgeschlagen hat. Er beobachtet den Kardinal und die Kinder. Er nimmt die Brille ab, putzt sie mechanisch mit dem Läppchen, ohne den Blick von der Szene zu wenden.
Von nahem betrachtet, bemerkt man eine fast grausame Starre in seinen Augen, als nutze er plötzliche Erinnerungsblitze, eine fast zynische Beobachtungsgabe, um eine wundervolle Gestalt, die er seit frühester Jugend im Herzen trägt, heraufzubeschwören und zu enträtseln.

Schlammbäder des Kurhotels. Innen. Tag.

Männer und Frauen jeden Alters steigen hinunter in die riesigen Thermalgrotten und kehren nach dem Schlammbad wieder ins Hotel zurück. Die Grotten, von riesigen Ausmaßen, teils niedrig, teils hoch, mit Tropfsteingebilden an der Decke, haben ein märchenhaftes Aussehen, und die künstliche Beleuchtung läßt sie noch unwirklicher erscheinen.
Die technischen Einrichtungen wie Kabinen, Glocken, Treppen, Geländer, Trennungsmauern, Stühle verschwinden fast völlig, je tiefer man hinabsteigt in die immer wärmere und feuchtere, dampfgeschwängerte Luft.
Bademeister und Krankenschwestern geleiten die Leute in die verschiedenen Richtungen und geben jedem, Männern und Frauen, einen weißen Umhang, der sie alle unterschiedslos als wandelnde Schatten in den warmen Dämpfen einer immer beängstigenderen Unterwelt erscheinen läßt.
Guido, wie alle anderen ins weiße Leintuch gehüllt, steigt noch tiefer in die Grotten. Es ist sehr heiß, der Dunst wird immer dichter und rötlicher, die Geräusche tönen immer ferner und dumpfer. Andere weißverhüllte Gestalten folgen ihm, gehen an ihm vorüber oder kommen ihm entgegen und verschwinden sogleich wieder hinter den triefenden Felswindungen.
Plötzlich mündet der schmale Gang in eine riesige Kaverne. Vielleicht ist die Höhle nicht so weit und riesig, wie sie scheint,

aber der dichte, weiße Dampf verschleiert die Umrisse und verleiht ihr unheimliche, rätselhafte Ausmaße.
Einige Augenblicke lang hat Guido das Gefühl, völlig allein zu sein, auch weil die anderen, mit denen er hinunterstieg, im dichten Nebel verschwunden sind. Dann jedoch, als er sich langsam bewegt und um sich schaut, bemerkt er viele Leute, die alle in ihre weißen Schweißtücher gehüllt schweigend ringsum an den Wänden der Grotte hocken.
Langsam, nach einer Weile des Zögerns, sucht sich Guido einen Platz. Er findet einen am Ende der Grotte, wo nicht mehr so viele Leute sitzen. Er hockt sich wie alle anderen nieder und versucht, die Gesichter seiner Nachbarn zu erkennen. Nicht weit entfernt sieht er den Kardinal, auch er in den weißen Umhang gehüllt, schweigend und nachdenklich wie immer.

Straße im Kurort. Außen. Tag.

Guido sitzt am Steuer seines Wagens. Er fährt zur Stunde der Promenade langsam durch eine der Hauptstraßen des kleinen Kurorts. Er fährt unkonzentriert, ohne bestimmtes Ziel; plötzlich bremst er, fährt an den Gehsteig und hält. Sein Blick haftet auf einer Frau, die langsam, allein auf dem Gehsteig in die gleiche Richtung geht. Es ist Luisa. Guido bleibt unbeweglich und beobachtet sie. Luisa hat ihn nicht bemerkt. Sie bahnt sich einen Weg durch die Menge und entfernt sich langsam.
Offenbar versucht sie, die Zeit totzuschlagen, in einer Einsamkeit, die durch Umgebung und Umstände besonders eindringlich wirkt.
Guido folgt ihr mit den Blicken, als würde er sie das erstemal sehen, als würde er eine Fremde beobachten. Und wirklich: in diesem Moment, vollkommen sich selbst und ihren eigenen Gedanken überlassen, ist sie ihm so fern, daß nichts sie mit dem Mann zu verbinden scheint, der sie, ohne daß sie dessen gewahr wird, beobachtet. Jetzt, wo sie aus seinem Blickfeld verschwindet, läßt Guido den Motor seines Wagens wieder an und folgt ihr, ganz langsam, indem er sich immer dicht am Gehsteig hält.
Er sieht, wie sie vor einem Schaufenster stehenbleibt, sich vorbeugt, um die Stoffe in der Auslage, genau zu betrachten, die Brille aus der Handtasche holt, aufsetzt, und wiederum ein-

gehend Stoffe und Preise studiert. Aber all dies geschieht fast geistesabwesend, mechanisch, ohne wirkliches Interesse. Guido hat mit dem Wagen wieder wenige Schritte hinter Luisa angehalten. Als sie sich vom Schaufenster abwendet und die Brille wieder absetzt, macht Guido schon Anstalten, sie zu rufen, hält aber plötzlich inne und setzt das Auto in Bewegung, fast als wolle er schnell unbemerkt flüchten. Im selben Augenblick verläßt Luisa den Gehsteig, um über die Straße zu gehen, Guido bremst scharf, während die Frau einen Schritt zurücksetzt, dann unsicher, nach einigem Zögern, überquert sie die Straße. Sie hat den Wagen gesehen, ist aber weit davon entfernt, Guido erkannt zu haben. Guido ist wie erstarrt, sieht Luisa, die direkt vor dem Kühler seines stehenden Wagens vorbeigeht, und hält den Atem an. Er fühlt, daß Luisa im nächsten Moment seinen stechenden Blick bemerken, sich umdrehen und ihn erkennen wird. So geschieht es auch. Luisa ist schon an dem Wagen vorübergegangen in Richtung des gegenüberliegenden Gehsteigs, als sie sich ruckartig umdreht und Guido erkennt. Einen Augenblick lang sehen sich die beiden schweigend an: Luisa erstaunt, Guido wie ertappt. Dann lächeln sie sich zu. Luisa kehrt um und geht auf die Wagentüre zu, die Guido ihr öffnet. Sie steigt ein und setzt sich neben ihn.

Guido: Wann bist du angekommen?

Luisa: Gegen fünf. Wir sind gleich zum Hotel gegangen, aber du warst nicht da. Wie gehts dir? ... Ciao ...

Guido beugt sich zu ihr und küßt sie auf die Wange.

Guido: Gut. Und dir? Ciao, Liebling. Mit wem bist du hier?

Luisa: Michela, Enrico und Tina haben mich herbegleitet. Auch Rossella ist hier. Sie suchen gerade Zimmer. Das scheint gar nicht so einfach ... Falls du jemanden kennst ...

Guido, der mit den Gedanken bereits anderswo ist, setzt den Wagen wieder in Gang.

Kino des Kurorts. Innen. Nacht.

Auf der Leinwand im verdunkelten Raum laufen einige Probeaufnahmen: ein riesiges, animalisches, verwildertes Weib bewegt sich mit schwerfälliger, majestätischer Langsamkeit; gleich darauf folgen die Aufnahmen einer Frau, die ähnlich und doch anders ist und die Bewegungen der ersten sozusagen wiederholt. Verstreut auf den Klappstühlen sitzen in der zweiten und dritten Reihe: Guido mit dem Produzenten Ingegnere Pace, Bruno, der Produktionsleiter; hinter ihm Luisa, neben ihr eine junge Frau mit merkwürdig harten, wie gemeißelten Gesichtszügen, die schweigend eine Zigarette raucht und ein wenig streng und in sich selbst versunken wirkt: Rossella. Außer Rossella ist noch Michela, Luisas Schwester, da, ein blasses stilles Mädchen; eine Reihe dahinter sitzt einsam ein eleganter ernster junger Mann, der aussieht wie ein neugebackener Doktor. Sein Blick springt häufig zwischen der Leinwand und Luisa hin und her, als hätte er Angst, sie aus den Augen zu verlieren. Er heißt Enrico. Dann sitzt da noch eine kleine klumpfüßige alte Frau. Sie ist häßlich, aber stark geschminkt und von verschrobener Eleganz. Ihre rauhe, unangenehme Stimme hat einen sehr aggressiven Ton. Daneben ihr Begleiter, offenbar ein früherer Liebhaber, ein glatzköpfiges Männlein, das sich sichtlich nicht wohl fühlt in dieser Umgebung und trotz seiner englischen Eleganz einen bescheidenen Eindruck macht. Sie heißen Tina und D'Andrea.
Carini sitzt allein am Ende einer der ersten Reihen. Die anderen Leute von der Produktion sitzen verstreut, hier und dort, einige stehen, andere hängen in ihren Stühlen, das Kinn auf die Knie gestützt, oder mit den Füßen auf den Lehnen der Vordersitze. Guido folgt der Vorführung schweigend und mit gespannten Nerven. Die fragenden und erwartungsvollen Blicke, die ihm Produzent Pace die ganze Zeit zuwirft, die schweigende Anwesenheit Luisas hinter ihm vergrößern das Unbehagen der Situation. Als auf der Leinwand die zweite Höhlenfrau erscheint, hört man von hinten die rauhe Stimme Tinas.

Tina: Warum machst du nicht auch mal von mir Probeaufnahmen?... Wenn dir Monster so gut gefallen...

Guido antwortet nicht. Der Produzent wendet sich ihm zu. Er spricht mit gedämpfter Stimme, eifrig auf Zustimmung wartend.

Pace: Toll... Woher haben Sie die? Einfach toll...

Guido antwortet nur mit einem Kopfnicken. Inzwischen ist auf der Leinwand eine schöne, gut gebaute junge Frau zu sehen. Die rauhe Stimme von Tina kommentiert.
Tina: Süß ... Wer ist das? ...
Ohne sich umzudrehen, aber sehr zufrieden, beantwortet Pace die Frage.
Pace: Die Geliebte ... (Dann zu Guido) ... Das ist wirklich eine Entdeckung ... Wunderschön ...
Guido antwortet nicht; mit dem Vorwand, sie um eine Zigarette zu bitten, in Wirklichkeit aber, um einen prüfenden Blick auf sie zu werfen, wendet er sich Luisa zu.
Guido: Bitte, gib mir eine Zigarette ...
Luisa reicht ihm schweigend eine Zigarette, und einen kurzen Moment lang begegnen sich ihre Blicke im Dunkeln. Auf der Leinwand erscheint jetzt eine zweite Anwärterin auf die selbe Rolle – eine etwas komische Bewegung von ihr löst im Saal leises Gekicher und Geflüster aus. Pace macht eine abfällige Handbewegung und wartet auf Guidos Zustimmung, die nicht kommt. Jetzt erscheint auf der Leinwand eine etwas traurige Frau mit einem verbitterten Ausdruck und harten Gesichtszügen, fast wie die eines Richters. Michela, Luisas Schwester, beugt sich vor.
Michela (mit gedämpfter Stimme): Wer ist das?
Kalt, in einem etwas verbittert-scherzhaften Ton, antwortet Luisa leise, aber sehr deutlich.
Luisa: Wer solls schon sein ... seine Frau wirds sein ...
Rossella sieht sie im Dunkeln an, dann schaut sie zu Guido, der unbeweglich und schweigend dasitzt. Voller Eifer und Begeisterung, ohne die Bemerkung zu verstehen, stimmt Pace zu.
Pace: Ja, ja ... die Frau ... Wissen Sie, daß die ganz genau getroffen ist ... ich würde keinen Moment zögern, sie zu nehmen. Sie sieht aus wie Savonarola ... (zu Bruno) Wie heißt sie?
Bruno: Es ist eine Engländerin ... Fay ... glaub ich.
Von hinten ruft einer den Produktionsleuten gleichgültig dazwischen.
Assistent: Fay Lawrence ...
Um der unguten Stimmung eine Wendung zu geben, fragt Rossella, ohne jemanden anzuschauen.
Rossella: Eine Schauspielerin? ...
Von hinten krächzt Tina dazwischen.

Tina: Ach wo ... Schauspielerin! ... Die hab ich noch nie gesehn ...

Luisa folgt schweigsam und etwas steif den Bewegungen des neuen Gesichts auf der Leinwand.

Dann geht das Licht im Saal wieder an. Es folgt ein Moment allgemeinen Schweigens. Diejenigen, die in den letzten Reihen sitzen, erheben sich, kommen langsam nach vorn und stellen sich fast alle im Kreis um Guido, der schweigend sitzen bleibt. Pace schaut ihn fragend an. Guido sagt nichts.

Pace: Ich finde, die erste ist gut ... auch die dritte ... die Fay ist ausgezeichnet! ...

Guido nickt gleichgültig.

Bruno (der Guido genau beobachtet): Dann hören wir auf ... Dann lassen wir die anderen Probeaufnahmen bleiben ...

Guido: Nein ... laß sie lieber laufen.

Bruno schaut zum Produzenten, als wollte er fragen, ›Was machen wir jetzt?‹

Luisa wendet sich unruhig und mit kaum verhohlenem Mißtrauen an Guido.

Luisa: Was soll denn dieser Film? ... Was hast du vor? ...

Guido versucht alles ins Scherzhafte zu ziehen, indem er lachend aufsteht.

Guido: Wer kann das wissen? ...

Wieder einmal gibt Tina ihren plump-ironischen Kommentar.

Tina: Der große Meister! ... Das Genie der Improvisation! ... Geh schon, du alter Spaßvogel! ...

Jetzt erhebt sich auch Pace. Er widerspricht mit großsprecherischem Optimismus.

Pace: Nein, es handelt sich eben um einen engagierten Film ... Er hat recht ... Ich bin ganz sicher, daß er richtig liegt ... ganz überzeugt ...

Um die Diskussion abzubrechen, stellt Guido die Leute, die um ihn und Pace versammelt sind, einander vor.

Guido: Meine kleine Schwägerin, Michela; Ingegnere Pace; Signora Rossella Host; Signora Tina Cimei ... Ingegnere D'Andrea ...

Er stockt einen Augenblick, denn er kann sich nicht mehr an den Namen des Jünglings erinnern.

Luisa (flüstert ihm zu): Enrico Costa.

See und Raumschiff. Außen. Tag. (Sonnenuntergang)

Am unbewohnten, wildbewachsenen Ufer eines Sees ragen die riesigen Gerüste eines gigantischen Kulissenaufbaus empor: die Rampe für ein phantastisches Raumschiff, für eine Szene des Films. Im Licht der Dämmerung, unter den im Wind ziehenden schwarzen Wolken, hat der See mit seinem verwilderten Ufer etwas Unheimliches. Drei oder vier Autos halten in der Nähe. Es entsteigen ihnen alle Gäste, die bei den Probevorführungen anwesend waren. Die Arbeiter, die an dem Bau beschäftigt sind, gehen langsam nach Hause. Man hört nur noch einige Hammerschläge und Stimmen.
Der Werkmeister, ein glatzköpfiges, bescheidenes Männlein, geht sogleich dem Produzenten und Bruno entgegen, während man, vom Wind getragen, die krächzende Stimme Tinas hört, die gerade mit Guido spricht.
    Tina: Was machst du da eigentlich? ... einen Sciencefiction-Film?
Da Guido weitergeht, ohne ihr zu antworten, richtet sie das Wort, nachdem sie sich dem schweigenden D'Andrea zugewandt hatte, an Luisa.
    Tina: Den Apparat ... gib mir den Apparat ... was macht er denn da, dein Mann? ... Will er jetzt auch noch die Marsmenschen reinbringen? ...
Luisa wird immer gereizter.
    Luisa: Mich fragst du das? ... was soll ich denn wissen ... ich bin immer die letzte, die etwas erfährt ...
Guido wendet sich um und sieht Luisa an, auch er wird immer nervöser und gereizter. Indem er sich umdreht, bemerkt er, daß D'Andrea, auf Tinas Rat hin, sich daranmacht, mit dem Photoapparat, der um seinen Hals hängt, Bilder zu knipsen. Sofort fährt Guido verärgert, fast grob, dazwischen.
    Guido: Nein, bitte nicht ... keine Photos ... He, Tina, fang nicht an, mir auf die Nerven zu gehen ...
    Tina: Was heißt das, man darf nicht? ... Zwei Bilder nur, für meine Illustrierte ... Was kann dir das schon ausmachen! ...
Der Produzent, der gerade mit dem Werkmeister und Bruno gesprochen hat, schnappt das Gespräch auf und dreht sich drohend um.

Pace (aufgeregt): Aber nein!... Keine Photos! Auf keinen Fall... Haben Sie verstanden? Was glauben Sie denn!...

Auch das gehört zur Propaganda. Bis zum zwanzigsten – nichts... nachher soviel ihr wollt...

Pace ist in überschwenglicher und befriedigter Stimmung. Er wendet sich wieder dem Werkmeister zu.

Pace: Bis zum zwanzigsten... Sind wir dann soweit? Schauen Sie, bis zum zwanzigsten muß alles fertig sein...

Dann, zu den anderen:

... Man kann hinaufsteigen. Steigt rauf, los!

Luisa (mit gedämpfter Stimme zu Guido): Wie du dich benimmst... Was hast du eigentlich?...

Guido antwortet im gleichen Tonfall, vielleicht noch um einen Deut aggressiver.

Guido: Wozu hast du eigentlich die da alle mitgebracht?... Wozu mußt du den ganzen Hofstaat hinter dir herschleifen?...

Luisa antwortet nicht und geht schnelleren Schrittes weiter. Gelassen, mit betonter Verachtung, bemerkt ihre Schwester Michela, die ihr gefolgt ist, mit halblauter Stimme:

Michela: Wenn ich mir vorstelle, daß mir auch so ein Mann wie deiner beschert werden könnte...

Guido sieht sie entgeistert an. Mechanisch sucht er in seinen Taschen die Zigaretten und, indem er weitergeht, steht er plötzlich vor Enrico.

Guido blickt ihn überrascht an, und, als seien die Zigaretten ein Vorwand, fragt er ihn:

Guido: Haben Sie eine Zigarette?...

Der Jüngere beeilt sich, ihm das Päckchen anzubieten. Guido gegenüber ist er sehr verlegen und voll jugendlicher Gehemmtheit.

Guido: Danke... Sie sind Architekt, nicht wahr?

Enrico: Ja, das heißt, ich mache im Oktober mein Diplom...

Guido: Arbeiten Sie schon bei jemandem?...

Enrico: Ja... im Büro des Ingegnere Renzi... aber jetzt mußte ich unterbrechen, um mich auf meine Diplomarbeit vorzubereiten...

Guido: Interessieren Sie sich für Film?...

Enrico: Ja ... ich gehe oft ins Kino, aber nur als Zuschauer ... ich kenne mich sonst auf dem Gebiet nicht aus ...
Aus diesem letzten Satz war eine Andeutung von Feindseligkeit herauszuhören. Guido hat seine Zigarette am Feuerzeug, das ihm Enrico hinhält, angezündet, dankt ihm und wendet sich ab.
Guido: Danke ...
Guido steht plötzlich Rossella gegenüber.
Guido: Wie heißt dieser junge Mann? Ich kann es mir nie merken ...
Rossella: Enrico ...
Guido: Ah ja, ... er ist in Luisa verliebt, nicht? ...
Rossella: Sicher ... das wissen alle ... Er ist so jung, er läßt es sich anmerken ... (Dann, mit einem intelligenten, diskreten Lächeln) ... aber das da, was soll das? ... kannst du es mir erklären oder nicht? ...
Ihr gegenüber ist Guido entspannter. Er unterhält sich in freundschaftlichem, ungezwungenem Ton und lächelt.
Guido: Das können wir uns schenken ... ich drehe diese Szene sowieso nicht ... die lassen wir weg.
Rossella sieht ihn verdutzt an und sagt dann – weniger mit Vorwurf als mit Bedauern:
Rossella: Aber da stecken doch Millionen drin! ...
Guido zuckt die Achseln und entfernt sich, mit einem verbitterten Zug im Gesicht.
Pace, der schon der Spitze des Gerüstes zustrebt, spricht mit hoffnungstrunkener Stimme zu den Umstehenden.
Pace: ... eine riesige Menschenmenge ... der Rest der Überlebenden, die die Erde verlassen ... mit Bischöfen, Priestern, vielleicht auch dem Papst ... sie retten sich auf einen anderen Planeten ... vielleicht, ich weiß nicht, nach der Atomexplosion ... Wir brauchen dazu über tausend Komparsen ... hier am Ufer ... eine Prozession, die gar kein Ende nimmt. Als er es mir geschildert hat, habe ich eine Gänsehaut bekommen ... phantastisch! ... noch nie dagewesen! ... Nicht wahr, Carini? ...
Carini, der mit den Gedanken abwesend ist, antwortet widerwillig.
Carini (vor sich hinblickend): Ich habe Guido meine Meinung schon gesagt ... er weiß, was ich davon halte ...
Mit leiser Stimme, als würde er ein Geheimnis verraten, hebt

Pace wieder an zu sprechen, auf Guido deutend, der gerade heraufgestiegen kommt.

Pace: Er steckt sie alle in die Tasche ... er ist genial ... auch ein bißchen verrückt ... aber mit diesem Wind? ... Ist die Plattform solid genug? ... Wieviel Meter habt ihr die Pflöcke in den Boden gerammt?

Werkmeister: Drei Meter, das reicht ...

Bruno: Du wirst schon sehen, wie es reicht! ... ich hatte dir gesagt, mindestens vier. Wenn der Wind noch stärker wird, kracht hier alles zusammen.

Werkmeister: Das kracht nicht. Nur keine Angst.

Bruno: Du wirst es schon sehen ...

Werkmeister: Das kracht nicht ... mehr als drei Meter tiefe Grundmauern habe ich nie gemacht, ... nicht einmal für ›Ben Hur‹.

Pace blickt etwas besorgt vom einen zum andern.

Pace: Es ragt zehn Meter aus dem Boden ... weißt du das? ... zehn Meter ...

Tina: Und die Rakete ... wo ist die Rakete? ...

Pace wird wieder von seiner Schilderungswut ergriffen.

Pace: Aber nein ... keine Rakete ... da wären wir ja aufgeschmissen ... das macht man mit einem Modell ... Das stellt man dort unten am Strand auf ... das Modell auf eine Glasplatte ... und nimmt es in der Perspektive auf ... das Resultat ist erstaunlich ... da ist nur der Nachteil der fixierten Aufnahme, aber das Ergebnis ist perfekt ...

Er wendet sich zu Guido, der bei ihnen angelangt ist und gerade auf die oberste Plattform klettert.

Pace: Wie viele Meter entfernt stellt ihr das Modell auf?

Guido antwortet ohne anzuhalten.

Guido: Vier, fünf ...

Auf der obersten Plattform sind inzwischen Luisa, Enrico und Michela erschienen. Guido taucht hinter ihnen auf und steht dann neben Luisa. Ein Augenblick äußerster gegenseitiger Spannung und Gereiztheit zwischen den beiden.

Guido: Knöpf doch den Mantel zu ... oder bleib nicht hier oben ... spürst du nicht, wie der Wind geht? ... da kriegst du wieder deine Schmerzen ...

Luisa knöpft wortlos den Mantel besser zu; aber sie bleibt weiterhin stehen und betrachtet den vom Wind bewegten See und

das Ufer weit unter sich. Die anderen entfernen sich ein wenig.
Guido (noch aggressiver, aber offensichtlich besorgt): Geht es dir nicht gut?... Was hast du denn?...
Luisa: Ich?... eher du... ich bin gekommen, weil du es mir gesagt hast... wenn es dich stört, warum hast du mich dann kommen lassen?...

Luisa entfernt sich, ohne seine Antwort abzuwarten. Guido steht neben Rossella, die ihn ernst anblickt.
Rossella (halblaut): Sie war so guter Laune... sie hat sich sehr darauf gefreut, herzukommen... dann, ich weiß nicht... als sie ankam, muß sie irgend etwas gesehen haben... vielleicht weißt du es?

Guido verneint, mit schlechtem Gewissen.
Guido: Was soll ich denn wissen... sie ist doch immer so... so schulmeisterlich... was hat sie dir gesagt?... daß sie jemanden gesehen hätte?... wen?
Rossella: Nein, sie hat mir nichts gesagt.

Guido lehnt sich neben Rossella an das Geländer der Terrasse; er spricht aus einem tiefen, bitteren Wunsch nach Befreiung heraus, aber auch mit ein wenig Komödiantenpose.
Guido: Stell dir vor, wie herrlich, wenn dieses Raumschiff echt wäre! Einfach wegfliegen und den ganzen Kram hinter sich lassen! Welch eine Befreiung! Welch wunderbares Abenteuer!...
Rossella: Dann würdest du irgendwo anders wieder Dummheiten anstellen – das ist alles. Man kann auf eine viel bessere Art in die Welten gelangen, die uns unbekannt sind. Warum versuchst du es nicht?

Guido sieht sie mit neugierigem, fast entzücktem Interesse an.
Guido: Du müßtest einmal dein Orakel um einen Rat für mich fragen... im Ernst...

Rossella lächelt verlegen.
Rossella (herzlich, aber etwas ironisch): In diesen Dingen bist du wie ein Kind... Du bist nur neugierig.
Guido: Aber für Luisa befragst du es doch!...

und er fährt fort:
... wenn Luisa von mir spricht, was sagt sie dann?... was für Absichten hat sie? Was hat sie vor?
Rossella: An einem Tag sagt sie dies und am nächsten Tag sagt sie das. Die Ärmste... Wenn sie wüßte, was sie eigent-

lich will ... Leider würde sie im Grund nur eines wollen, daß du nämlich anders wärst als du bist ... es ist ein schlimmer Zustand ...
Guido: Was will sie von mir? ... Warum kann sie mich nicht akzeptieren, so wie ich bin? ...
Rossella: Weil sie dich liebt ...
Es entsteht eine Pause. Guido blickt sie mit großer Sympathie an.
Guido: Und du? ... Wann heiratest du? ...
Auf Rossellas Gesicht erscheint ein ungezwungenes Lächeln.
Rossella: Und die Mama? ... Wem soll ich die lassen? ...
Guido: Bist du denn in jemanden verliebt? In wen?
Rossella: In niemanden ...
Guidos Stimme wird noch ernster und klingt jetzt etwas bekümmert.
Guido: Hör mal, Rossella, ich sage es nicht im Scherz, aber warum fragst du es nicht wirklich einmal für mich ...
Rossella: Was? ...
Guido: Wegen dieses Filmes ... Ob ich ihn machen soll ... Wegen Luisa ...
Tiefes Unbehagen hat sich Rossellas bemächtigt. Ihr Blick hat etwas Fremdes, Fernes.
Rossella: Wenn ihr mich verstehen würdet ... und ohne daß ich mich darum bemühen muß ... aber ich habe solche Angst ... es ist gefährlich, es beängstigt mich, immer mehr, weißt du ... ich war so krank voriges Jahr ...
Mit flimmernden Augen wendet sie sich Guido zu, der ihr fasziniert zuhört, fixiert ihn einen Augenblick, dann fährt sie fort, mit einer Stimme, die natürlich klingen möchte.
... und warum eigentlich? ... du mußt selber entscheiden ... ein schlimmer Moment ... es ist dein Astralleib, der krank ist ... du mußt selber entscheiden ...
Am Strand, unter ihnen, sind schon viele zu ihren Autos zurückgekehrt. Es ist fast dunkel. Jemand hupt anhaltend, mahnend.

Schlafzimmer im Kurhotel. Innen. Nacht.

Luisa und Guido liegen nun nebeneinander im Bett. Sie schlafen nicht, sie liegen mit offenen Augen. Die Spannung des Schweigens wird immer unerträglicher. Auf einmal bricht Luisa in ein hartes, aggressives, verbittertes Gelächter aus.

Guido (fast ebenso aggressiv): Was ist los?
Luisa: Nichts. Wenn du dich sehen würdest...

Sie lacht in der gleichen Art weiter, und Guido beharrt ebenfalls auf dem gleichen Ton.

Guido: Warum lachst du?
Luisa: Ich glaube, ich würde dich nie betrügen, weil es so lächerlich ist, immer auf der Hut zu sein, sich zu verstecken, zu lügen... lächerlich und anstrengend... Aber man sieht, daß dir das leichtfällt...
Guido: Was hab ich denn getan? Hör mal, Luisa, ich bin müde. Fall mir bitte nicht auf die Nerven mit diesen Geschichten...

Er dreht sich auf die andere Seite.

Luisa: Dann schlaf! Gute Nacht!

Aber sofort dreht Guido sich wieder ihr zu.

Guido: Was hab ich denn getan? Nein, du mußt mir sagen, was ich getan habe...
Luisa: Das weißt du genau. Mich würde es interessieren zu wissen, ob alle Männer so sind wie du... aber ich glaube nicht...
Guido: Wir waren den ganzen Abend zusammen. Ich habe nichts getan, ich habe nichts gesagt. Was ich auch tue oder sage, bedeutet bei dir immer, daß ich dich betrüge...

Luisa lacht wieder, noch härter und bitterer als zuvor.

Luisa: Wenn du dich sehen könntest...

Café. Innen. Tag.

In einem überfüllten Café sitzen Guido und Luisa an einem Tischchen. Die Gesichter der beiden sind schmerzlich verkrampft, sie sprechen mit gedämpfter Stimme, aber um so größerer Gereiztheit. Das kleine Orchester spielt gerade einen Walzer.

Guido: Also, jetzt sag du mir ein für allemal, was ich tun

müßte, um dich zu beruhigen. Wie müßte ich deiner Meinung nach sein, sag es mir!
Luisa: Ich möchte einen Mann, der nicht zehnmal am Tag einen Meineid schwört, auf Schritt und Tritt. Damit wäre ich schon zufrieden. Das, was du tust, ist nicht das Entscheidende. Es ist, daß man nie, nie die Wahrheit erfährt. Nicht einmal in den kleinsten Dingen. Nicht einmal, wenn es dich überhaupt nichts kosten würde, sie zu sagen. Aber du lügst wie du atmest. Man weiß nie, was in deinem Kopf vorgeht, was du im Sinn hast, wer du eigentlich bist. Du lügst sogar, wenn du die Wahrheit sagst... Wie soll man mit einem solchen Mann zusammenleben, ohne verrückt zu werden?...

Luisas harter, verzweifelter Blick haftet jetzt an einem entfernteren Tisch, an dem Carla sitzt, gelassen wie immer, nur ein klein wenig beunruhigt durch die Anwesenheit Luisas und die Heftigkeit des Gesprächs, die man auch aus der Entfernung erkennen kann. Ruhig und genußvoll ißt sie gerade eine große Portion Eis und schaut ostentativ in eine andere Richtung.

Guido: Ich wußte nicht einmal, daß sie hier ist... ich schwöre es dir... ich habe sie gerade erst gesehn... wo so viele Leute hier sind, kann sie ja schließlich auch grade hier sein. Kann ich es ihr verbieten? Was hab ich damit zu tun?
Luisa: Sieh sie dir an, dort! Du hast mir auf das Haupt deiner Mutter geschworen, daß alles vorbei sei. Schau sie dir an dort, diese Hure!... da ist sie wieder! Ich bin ihr sofort begegnet, gestern, gleich, kaum war ich angekommen... Aber warum hast du mir dann am Telefon gesagt, daß ich herkommen soll? Was willst du von mir? Warum läßt du mich nicht in Frieden?...
Guido: Ich wußte nicht, daß sie hier ist. Ich wußte es nicht, hörst du? Es ist sinnlos, daß ich es dir schwöre, weil du sowieso glaubst, daß ich unentwegt Meineide schwöre. Aber ich wußte es wirklich nicht. Was ist so schlimm daran, daß diese Unglückselige dort sitzt? Ist das der Grund, warum du mich seit gestern abend quälst? Das hättest du mir ja gleich sagen können, oder? Was tut sie denn Schlimmes, die Unglückselige?...

Luisa spürt, wie sich ihr vor Kummer und Verzweiflung der Hals zuschnürt.

77

Luisa: Das ist es, was mich noch zum Wahnsinn bringen wird ... daß du so sprichst, als würdest du die Wahrheit sagen, wie ein ehrlicher Mensch. Aber es stimmt nicht. Ich weiß genau, daß du lügst, daß du nicht ehrlich bist. Du bist ein Schuft. Wahrheit bedeutet dir überhaupt nichts. Als würden ehrliche Menschen gar nicht existieren ...

Guido starrt seine Frau an, während sie spricht. Sein Blick ist so starr, daß man sieht, wie er mittlerweile ihre Worte gar nicht mehr hört. Es scheint so, als ob ihre Stimme sich mit der Musik des kleinen Orchesters mischen und schließlich von dieser ganz übertönt werden würde. Guidos Blick schweift noch einmal zu Carla, die weiterhin bedächtig ihr Eis ißt und anderswohin schaut. Dann schaut er wieder auf Luisa ... Das Verhalten Luisas scheint vollkommen verändert. Friedlich lächelnd sagt sie ein paar Sätze, die Guido noch nicht wahrnimmt, die sich aber schließlich aus den wirren Klängen des Orchesters herausschälen.

Luisa: Siehst du nicht, wie sie ganz allein da sitzt, die Ärmste? Warum forderst du sie nicht auf, sich an unseren Tisch zu setzen?

Und im gleichen Moment nickt Luisa ihr grüßend zu und fordert sie lächelnd mit einem Wink auf, sich zu ihnen zu setzen.

Carla hat sich schließlich auch umgewandt und mit einem Lächeln zu dem Tisch herübergeschaut, wo Luisa und Guido sitzen. Nachdem Luisa ihren einladenden Wink wiederholt hat, erhebt sie sich, geht ein paar Schritte auf den Tisch zu, kehrt dann wieder zurück, um den Eisbecher, der noch nicht ganz leer ist, zu holen, und kommt mit dem Becher in der Hand zu Guidos Tisch. Luisa erhebt sich und begrüßt sie mit großer Herzlichkeit.

Luisa: Setzen Sie sich doch zu uns, nehmen Sie Platz! Wie geht es Ihnen? Sind Sie auch zur Kur hier?

Carla lächelt und deutet auf Guido.

Carla: O nein ... ich bin gekommen, weil er hier ist ... seit einer Woche bin ich hier. Und wie geht es Ihnen? Sie sehen sehr gut aus ... Sie sind gestern abend gekommen, nicht wahr? Ach ja, Ihr Mann hat es mir ja gesagt ... Er erzählt mir immer viel von Ihnen ...

Luisa: Hübsch ist es hier, nicht wahr? ... Gefällt es Ihnen hier?

Carla: Wissen Sie was, ich finde, daß hier alles weniger elegant ist, als ich es mir vorgestellt hatte. Ich hatte mir ...

nicht viel... aber immerhin ein wenig Garderobe mitgebracht... alles umsonst!
Luisa: Aber dieses Imprimé ist sehr elegant.
Carla: Sprechen Sie nicht davon... ich habe so etwas Ähnliches in der ›Vogue‹ gesehen. Sie ahnen nicht, wo ich überall herumlaufen mußte, bis ich dies gefunden habe. Ich war ganz verzweifelt... aber wissen Sie, wenn die Carla sich etwas in den Kopf setzt...
Wie sich die zwei Frauen so lebhaft und heiter miteinander unterhalten, als wären sie alte Freundinnen, sieht Guido sie mit einem seligen Lächeln im Gesicht an. Er hört ihnen zu, aber seine Gedanken wandern immer weiter weg... Jetzt vermischen sich die Stimmen wieder, bis sie ganz entschwinden.

Flämischer Bauernhof. Außen. Tag.

Ein großes Bauernhaus wie auf den Bildern flämischer Meister erscheint in Guidos Phantasie. Das weite, ausladende Gebäude mit den vielen rauchenden Kaminen hat etwas sehr Stimmungsvolles und Gemütliches, der Schnee auf den Dächern und Wiesen läßt es noch einladender und ersehnenswerter erscheinen. Guido erreicht das Haus auf einem Schlitten, der von zwei Pferden gezogen wird. Er ist in einen Pelz gehüllt. In der Hand hält er eine lange Peitsche. Er steigt vom Schlitten, entnimmt diesem eine Unmenge Pakete, kleine und große, mit bunten Bändern verschnürt. So vollgepackt geht er jetzt auf die Haustüre zu.
Von drinnen ertönt der Gesang einer Frau.

Flämischer Bauernhof. Innen. Tag.

Guido öffnet die Türe und befindet sich in einer riesigen Küche. Sie ist so irreal und phantastisch wie ein barockes Bühnenbild. Die hohe Decke wird von enormen Querbalken getragen. Im Hintergrund steigt eine Holztreppe mit mehreren Aufgängen empor zu einer gemauerten Arkade. Im Kamin mit dem hohen Rauchfang brennt ein starkes Feuer.
In dem Raum sind nur Frauen – sechs oder sieben junge Frauen – in heiterer, geschwätziger Stimmung versammelt. Sie kichern,

scherzen und singen. Eine steht vor dem Kamin und kocht. Über einem zweiteiligen Badeanzug trägt sie eine niedliche Schürze, so daß, wenn sie sich umdreht, der nackte Rücken, die Hüften und die Beine enthüllt werden.
Eine andere, in einem eleganten Schlafanzug ganz aus Tüll und Spitzen, deckt den dunklen Holztisch. Ein Mädchen in einem enganliegenden schwarzen Trikot macht akrobatische Übungen auf einem Trapez, das von der Zimmerdecke herabhängt. Eine blutjunge Tänzerin im Spitzenröckchen dreht auf den Zehenspitzen eine Pirouette und wirft die gestreckten Beine bis zum Kopf hoch. Noch eine andere, die ein hochelegantes Abendkleid trägt, sitzt wie hingegossen in einem Sessel.
Durch eine Drehtür tritt ein Mädchen, gekleidet wie eine Bäuerin. Sie bringt einen Korb voll Obst. Auf einem Podest, inmitten des Zimmers, sitzt Luisa. Sie ist zum Ausgehen angekleidet, mit einer Eleganz, die ans 19. Jahrhundert erinnert. Sie sitzt vor einem Spinnrad und dreht das Fädchen, während eine andere, ebenfalls sehr elegante Dame, etwas tiefer sitzend, an einem Stickrahmen arbeitet.
Guido, der vollbepackt eintritt, bleibt einen Augenblick stehen und beobachtet das Ganze. Dann erhebt er seine Stimme zu einem fröhlichen Rufen.
Guido: Guten Tag, ihr Lieben!... Hier bin ich!...
Luisa erhebt sich feierlich und lenkt die Aufmerksamkeit aller anderen Frauen, im fröhlich-mütterlichen Ton einer Lehrerin vor den Schülerinnen, auf den Ankömmling.
Luisa: Er ist da, Mädchen!... Guido ist gekommen!...
Dann kommt sie ihm entgegen und umarmt ihn, während die anderen unter Gekicher und fröhlichen Ausrufen sich um ihn drängen und jede ihm ein Küßchen gibt. Guido begrüßt sie, eine nach der anderen, und verteilt, wie an Kinder, die Geschenke.
Guido: Ciao, Luisa!... Ciao, Claretta!... Das ist für dich... nein, das andere... Dies ist für Adriana... Ciao, Adriana... Françoise, dies hier ist deines... Moment mal, der Name steht drauf. Schau mal nach! Ja: Maresa... für dich... Ciao, Rita!... Wo ist Carla?... Nein, das ist für Luisa...
Die Frauen erhalten jede ihr Geschenk und machen die Pakete auf, wobei sie kleine Freudenschreie ausstoßen.
Frauen: Wundervoll!... oh, mein Liebling!... Genau die

Farbe meines Kostüms ... Danke, Schatz ... Was hast du bekommen? Laß mich sehen ... schau ... meines ... Was für ein Schatz! Nein, das ist meines! ... Und mir? ... Liebster Schatz! ... mein Liebster, Schönster! ...

Indessen erscheint plötzlich und fröhlich laufend auch Anna mit all ihren Kindern an der Hand. Guido empfängt sie und ihre ganze Familie mit weiteren herzlichen Umarmungen und Geschenken.

Guido: Ciao, Anna! ... Kommt her ... kommt, Kinder, das ist für euch ... Wo ist denn Carla? ...

Indem er dies sagt, öffnet er die Tür zu einem Zimmer, aus dem der Gesang einer Frau zu hören ist. In der Mitte des geräumigen, üppig mit Vorhängen und Teppichen ausgestatteten Zimmers steht ein großes Himmelbett mit Platz für vier Leute, darauf sitzt Carla, ganz in weiße Federn gehüllt, wie ein großer Schwan.

Sie singt und leckt an einem Eis.

Guido begrüßt sie.

Guido: He, Carla!

Luisa ruft sie mit heiterem Ton.

Luisa: Schnell, Carla! Siehst du nicht? Guido ist da!

Carla steigt vom Bett und schwebt in ihrem Federgewand zur Küche.

Carla: Ciao, Schatz!

Indessen hilft Luisa mit zwei weiteren Frauen Guido aus dem Pelzmantel. Liebevoll schlingt er seine Arme um ihre Taille und reicht ihr ein großes Paket, das letzte.

Guido: Und dies ist für dich ... das größte ... für mein kleines Frauchen ...

Gerührt und glücklich umarmt sie ihn.

Luisa: Oh, Guido ... Du bist so lieb!

Guido: Alles in Ordnung? ... läuft alles gut?

Eine der Frauen, Maresa, nähert sich ihm geschäftig und überreicht ihm einen Stoß Papier.

Maresa: Hier, ich habe alles abgeschrieben ... es hat mir sehr gefallen ...

Luisa: Ja, das stimmt, Guido ... du hast noch nie etwas so Schönes geschrieben ...

Um sie herum erhebt sich ein Chor begeisterter Zustimmung.

Frauen: Es ist wundervoll ... es ist wundervoll ...

Guido ist inzwischen zum Badezimmer gegangen; indem er die Tür öffnet, meint er noch herablassend:
  Guido: Aber nein, nein ... Hört mal, das ist zuviel ...
Kaum hatte er die Türe geöffnet, bleibt er angenehm überrascht stehen: Aufrecht in der Badewanne steht ein wunderschönes orientalisches Mädchen. Das Wasser reicht ihr bis zu den Waden, als stünde sie am Meeresufer. Sie trägt ein Röckchen, und um den Hals auf der schönen nackten, goldbraunen Haut hängt eine Blumenkette.
  Guido: Und die ...? wer ist sie? ...
  Luisa: Eine Neue. Ich habe sie heute morgen gebracht. Nicht wahr, sie ist hübsch. Ich habe mir gleich gedacht, daß sie dir gefallen wird.
Dann, zum Mädchen gewandt, mit herzlich-belehrendem Ton:
  ... Das ist Guido ...
Guido nähert sich dem Mädchen, das sanft lächelt, und streichelt ihre Wange.
  Guido: Wie heißt du?
Das Mädchen antwortet überaus sanft lächelnd und mit exotischem Akzent.
  Mädchen: Moana ...
  Luisa: Nur zu, ein Küßchen!
Moana beugt sich vor und gibt Guido ein Küßchen. Er gibt ihr auch eins, dann wäscht er sich, von drei oder vier Frauen umgeben, die Hände. Sie sind ihm alle dabei behilflich; auch Moana, die aus der Wanne gestiegen ist, bedient ihn. Eine reicht ihm die Seife, die andere eine Handbürste, noch eine andere gibt ihm das Handtuch und eine trocknet ihm die Hände ab. Dabei reden sie.
  Luisa: Guido, mit Kiki geht es leider gar nicht gut.
Die anderen sprechen im Chor.
  Frauen: Nein, nein ... gar nicht gut ... gar nicht gut ...
  Guido: Stimmt! Wo ist Kiki überhaupt? Daß ich sie noch gar nicht gesehen habe ...
  Luisa: Das glaube ich gern, daß du sie noch gar nicht gesehen hast. Ich mußte sie bestrafen ... es ist zwecklos. Sie ist halt eine Deutsche ... gibt freche Antworten und hat überhaupt keinen Respekt.
  Frauen: ... hat keinen Respekt ... gibt freche Antworten ...

Guido, der sich immer noch die Hände trocknet, geht, von Luisa und den anderen Frauen gefolgt, auf eine kleine Tür zu.

Luisa: Weißt du, ich habe sehr viel Geduld ... aber von einem gewissen Augenblick an ist es aus ... du selber mußt es ihr sagen ... weil sie eifersüchtig ist ...
Frauen: Ja, ja ... sie ist eifersüchtig ...
Luisa: Wenn sie nicht aufhört, müssen wir sie fortschikken ... das täte mir wirklich leid ...

Guido winkt ab, als wollte er sagen: ›Jetzt seh ich mal nach dem Rechten, überlaßt das nur mir‹, und indem er sich immer noch die Hände abtrocknet, öffnet er die kleine Tür und tritt ein.

In der Mitte der Abstellkammer, auf den Sprossen einer kleinen Malerleiter, hockt Kiki, eine Soubrette. Sie trägt ein Paillettenkostüm und hat einen bunten Federwisch auf dem Kopf. Ein Höschen läßt ihre nackten Beine besonders lang erscheinen. So sitzt sie da, schmollend, das Kinn in die Hände gestützt.

Guido: Nun, Kiki? ... Was ist los?

Kiki antwortete nicht, zuckt die Achseln; ihr Ausdruck wird immer mürrischer, und gleich wird sie in Tränen ausbrechen wie ein großes Kind.

Guido: Ah, nein, Kiki, nein ... Das geht nicht, das geht nicht ... Warum gibst du Luisa freche Antworten? ... Alle beschweren sich, weißt du! ... das geht nicht, so eifersüchtig sein ... Du weißt doch, daß ich dich auch liebe, nicht? Du wirst immer die erste Soubrette meines Lebens sein ...

Weinerlich, in einem Mischmasch aus Italienisch, Französisch und Deutsch, klagt Kiki quengelnd, aggressiv.

Kiki: Non ho fatto niente, mein Lieber ... c'est ma voix qui est comme ça ... Io parlo così ... meine Zunge spricht comme je ne pense pas ... Luisa ist böse mit mir ... Io ... io ... io bin nicht eifersüchtig ... e poi, merde, ich kann auch weggehn, wenn die mich nicht wollen ...
Guido (streng, aber liebevoll): Schluß jetzt ... Schluß ... Komm zu Tisch! ... Komm runter, die Suppe ist fertig! Komm, gib mir ein Küßchen, und Luisa auch eins!

Mit einem Lachen, das die letzten Tränen vertreibt, erhebt sich Kiki, streckt die Arme hoch, und wie bei der Schlußszene einer Show ruft sie in singendem Tonfall aus:

Kiki: Mein Liebster! ... Amore mio! ...

Begleitet von einem Show-Orchester, das wer weiß woher ertönt und den Refrain ihres Liedes wiederholt, steigt Kiki singend die Stufen der Leiter herunter.
   Kiki: Mein Liebster... mein Liebster!...
Guido ist wieder in die Küche getreten.
   Guido (fröhlich): Vorwärts, zu Tisch... zu Tisch!...
Unter Gelächter und lustigem Geplauder nehmen alle Frauen an dem langen Tisch Platz. Eine dicke ältere Frau, in der Guido die gewaschene und als Köchin gekleidete Saraghina erkennt, bringt einen großen Suppentopf. Guido sitzt zwischen Luisa und Carla. Jetzt sind alle Teller gefüllt mit dampfender Suppe. Ehe Guido zu essen beginnt, sammelt er sich einen Moment schweigend. Auch die Frauen verhalten sich ganz still und warten ab. In der Art gewisser amerikanischer Filmschauspieler sagt Guido, zerknirscht und ergriffen:
   Guido: Allen sei Dank gesagt... Ja, das Glück besteht darin, daß man die Wahrheit aussprechen kann, ohne dabei jemandem Leid zuzufügen. Guten Appetit!
Ein Chor fröhlicher Stimmen antwortet ihm; alle beginnen zu essen. Bald hört man nur noch Löffelgeklapper und Suppengeschlürf; das Geräusch wird aber immer stärker, nimmt langsam tierischen Charakter an, wird immer unerträglicher. Ein Unbehagen überkommt Guido, als würde sich um ihn irgend etwas Bedrohliches zusammenbrauen, und tatsächlich, in diesem Augenblick bricht am Ende des Tisches ein Streit zwischen zwei Frauen aus: ein Streit wie das Geraufe zweier Katzen. Die beiden Frauen schimpfen, kratzen sich und schreien.
   Die zwei Frauen: Du Ziege!... Du Scheusal!... Er gehört mir!... Auah!... Hure!... Au! Au!...
Guido brüllt und haut mit der Faust auf den Tisch.
   Guido: Verflucht noch mal!...
Einen Augenblick lang verstummt alles, aber es ist wie die Ruhe vor dem Sturm. Rings um Guido hört man unterdrücktes Fauchen und Zischen. Alle Frauen blicken nun mit verdrehten Augen drohend auf Guido, wie Raubkatzen, bereit zum Sprung. Guido erhebt sich langsam, weicht langsam ein paar Schritte zurück, während er mit seinem Blick die Frauen in Schach hält, wie ein Dompteur seine Bestien...

Käfig im Zirkus. Innen. Nacht.

Hier sieht man nun Guido in der tressengeschmückten Dompteursjacke, mit hautengen Hosen und Stulpenstiefeln in der Mitte eines großen Eisenkäfigs in einem Zirkuszelt. Die Scheinwerfer sind alle auf ihn gerichtet und lassen die Zuschauer vollkommen im Dunkel. Man kann aber das schwere Atmen der Zuschauer erraten. In der Hand hält Guido eine lange Peitsche und einen Stock, mit dem er die in Tiger verwandelten Frauen auf Abstand hält und sie durch den Reifen springen läßt. Rings um ihn hört man bedrohliches Fauchen, voller Haß und Rachedurst. Die Tigerfrauen stürzen auf ihn los. Einer gelingt es, sich mit ihren Zähnen in seiner Wade festzubeißen und mit den Krallen seine Tressen zu zerfetzen. Guido wehrt sich mit Peitschenhieben. Er dreht sich, geht ein paar Schritte nach vorn, weicht wieder zurück, drängt dann die Raubtiere langsam zum Gittergang, der zum äußeren Käfig führt.

Guido: Hopp-la!... Hopp... Carla!... Hopp, Hopp, Kiki!... Hopp-la!... Maresa!... Hopp-la!...

Langsam, nach und nach zwängen sich die Tigerfrauen in den engen Gittertunnel, bis zuletzt schnurren, schnauben sie und schlagen bedrohlich mit den Tatzen. Die letzten zwei, Carla und Saraghina, die beide sehr breithüftig sind, zwängen sich gleichzeitig in den Laufgang, so daß sie steckenbleiben. Schnaubend drängen die beiden nach vorn, aber sie kommen nicht weiter. Endlich, durch einige Peitschenhiebe angetrieben, löst sich der Knäuel, und eine hinter der andern verschwinden sie im Gang. Jetzt ertönen der rauschende Beifall des Publikums und die dröhnenden Klänge des Fanfarenmarsches. Guido verneigt sich, wüst zugerichtet, keuchend, während alles ins Dunkel zurücksinkt.

Zelle und Gang eines Klosters. Innen. Nacht.

Stille und gedämpftes Licht umgeben jetzt Guido in der weißen, kahlen Zelle eines Klosters. Sachte tritt er in die Tür zum Flur.

Guido (mit süßer, sanfter Stimme): Gute Nacht, ihr Lieben... allen eine gute Nacht...

Aus den unzähligen Türen des langen Flurs hört man, in zartem Flüsterton, die Antwort der Frauen.
Stimmen der Frauen: Gute Nacht, Guido... Gute Nacht... Gute Nacht... Gute Nacht...
Guido hebt leicht die Hand zum Abschied, während die Türen fast alle gleichzeitig wieder geschlossen werden. Auch er zieht sich zurück, schließt die Tür hinter sich im Gefühl absoluten Seelenfriedens und enormer Erleichterung. Er legt sich auf die Pritsche, verschränkt die Arme über der Brust, und so, bewegungslos, verweilt er für einige Zeit im ruhigen, warmen Licht, das die Zelle erfüllt, und starrt ins Leere. Aber plötzlich hört er ein leises Weinen. Es klingt schmerzvoll, gequält. Verstört lauscht Guido eine Weile. Dann steht er auf, öffnet die Tür und späht in den Flur. Der finstere Korridor wirkt unendlich lang. Alle Türen sind geschlossen, niemand ist zu sehen. Aber dieses jämmerliche Schluchzen kommt von ganz hinten. Mit einem wachsenden Gefühl des Schreckens und der Bedrücktheit wandelt Guido langsam, im Schatten des verlassenen, endlos langen Flurs... Er geht dem Weinen nach. An einer Art Bretterwand hält er schließlich an.
Er blickt hinüber und sieht Luisa, die, das Gesicht zur Wand gelehnt, dasteht und weint. Auf seinem Antlitz spiegelt sich der Ausdruck tiefen Schuldgefühls und quälender Reue. Er wagt es nicht, ihr näherzutreten. Immer noch leise weinend, sagt Luisa schmerzerfüllt:
Luisa: Warum diese Schande?... Diese Demütigung?... Warum, Guido?... Warum willst du mich dieses Leben führen lassen?... ich bin deine Frau... du bist mein Mann...
Bittere Tränen rollen jetzt auch über Guidos Gesicht, Tränen der Reue, des Leides, des Kummers... Immer noch blickt er auf seine Frau... voller Stolz...

Kirche. Innen. Tag.

Ganz in Weiß steht jetzt seine Frau, um fünfzehn Jahre jünger, ihm zur Seite vor dem Altar.
Pfarrer: Die Ehe verpflichtet zu gegenseitiger Treue... Der

Gatte muß seine Frau ernähren, sie beschützen, sie lieben und achten...

Luisa und Guido tauschen einen bewegten, unendlich zärtlichen Blick, während der Pfarrer fortfährt.

Pfarrer: Bist du gewillt, als deine rechtmäßige Gattin die hier anwesende...

Ergriffen blickt Guido zu Luisa.

Guido: Ja...

Und während die Stimme des Pfarrers im mächtigen Klang einer Orgel untergeht, haftet Guidos Blick weiterhin auf Luisa, die jung, verliebt, gerührt, voller Vertrauen im weißen Brautschleier neben ihm steht.

Café des Kurorts. Innen. Tag.

Das kleine Orchester spielt eine Mazurka. Guido und Luisa sitzen nebeneinander an einem Tisch. Tiefes Schweigen lastet auf ihnen. Der Tisch, an dem Carla saß, ist jetzt leer. Luisa ist aufgewühlt, offenbar haben sie ihre harte, bittere Diskussion gerade beendet. Tränen stehen in Luisas Augen, und sie meidet seinen Blick. Auch Guido ist sehr verstört. Er schweigt. Etwas Bedrückendes lastet auf seinem Herzen.

Schweigend erhebt sich Luisa, fast ruckartig, und geht auf den Ausgang zu. Nach einer Weile des Zögerns steht auch Guido auf und folgt ihr etwas langsamer...

Straße in Chianciano. Außen. Nacht.

Guido schlendert langsam durch die Straßen des Ortes. Wie alle Kur- und Urlaubsorte hat auch dieser seine Hauptstraße mit attraktiven Schaufenstern und vielen Leuchtreklamen. Pavillons mit vielen großen und kleineren Geschäften; in einem Schaufenster ein großes Aquarium, das bis an den Straßenrand reicht. Frauen mit Flossen und Schnorcheln schwimmen darin als Reklame für eine große amerikanische Badeanzug-Fabrik. Viele junge Burschen mit Fahrrädern und Motorrollern stehen davor und schauen zu. Weitere Geschäfte in den Pavillons, dann, plötzlich zwischendrin Schießbuden ›Tiro moderno‹ und ›Tiro

fotografico‹, alte barocke Jahrmarktstände, voller Spiegel, großer und kleiner Ballons. Eine blondgefärbte Frau, an die fünfundvierzig Jahre alt, mit einem Anstrich vulgärer Eleganz, fordert Guido zum Schießen auf. Guido schüttelt höflich verneinend den Kopf.
Wieder Geschäfte, dann ein Café, mit Tischen und Stühlen im Freien, in der Art des Zanarini in Riccione, mit Markisen, unter denen sehr viele Leute sitzen. Gleich nach dem Café noch ein Geschäft für Herrenmode, ein großer Holz-Lagerschuppen, leer, aber mit starken Neonlampen hell erleuchtet. Dort ist der gläserne Sarg des Fakirs ausgestellt. Die Fenster sind verstaubt und mit großen Plakaten beklebt: »Das große Wunder: der Fakir Toulah wird vierzig Tage nach seinem Tod für Sie auferstehen. Eintritt hundert Lire.«
Der Pavillon ist leer und verlassen. Nur eine etwa fünfzigjährige Frau, vielleicht eine Deutsche, sitzt neben dem gläsernen Sarg und liest in einem Mickey-Mouse-Heft.
Sie hebt ihren Blick zum Schaufenster, sieht Guido und senkt die Augen wieder. Sie ist bescheiden gekleidet; über einem Cocktailkleid trägt sie eine grüne Strickjacke aus schäbiger Wolle.

Pavillon des Fakirs. Innen. Nacht.

Guido tritt langsam ein. Die Frau erhebt sich, geht ihm entgegen und gibt ihm eine Eintrittskarte. Guido zahlt.
Guido: Sind Sie seine Frau?
Frau des Fakirs: Ja.
Guido betrachtet neugierig den Glassarg, um den eine Biene fliegt, deren Summen sich mit dem Knistern der defekten Neonröhren vermischt, die immer an- und ausgehen. Guido nähert sich langsam.
Guido: Wann wird er aufwachen?
Frau des Fakirs: Montag ...
Guido: Und seit wann ist er da drin?
Frau des Fakirs: Seit fünfundzwanzig Tagen ...
Die Frau versucht, die Biene zu verjagen, dann entfernt sie sich, um eine Neonröhre festzumachen.
Guido blickt schweigend in den Sarg. Eine kleine Schlange, die

aufgewacht ist, ringelt sich geschmeidig um die Beine des Fakirs. Guido erschauert ein wenig. Er hebt seinen Blick und richtet ihn auf das Schaufenster. Hinter der Scheibe, auf der Straße erscheint ein braunhaariges, sehr elegantes Mädchen, das der Claudia seiner Phantasie erstaunlich ähnlich sieht. Guido verharrt unentschlossen, als fürchte er, es sei eine Halluzination, aber die gewohnten Geräusche ringsum sind nicht verstummt – nein – es ist alles ganz konkret und wirklich. Auf der Straße hinter der Scheibe sieht man jetzt zwei oder drei Mädchen, die um das braunhaarige Mädchen stehen und sie etwas fragen. Andere Leute bleiben stehen und umringen sie mit neugierigen Blicken. Das Mädchen lächelt und antwortet, während die Umstehenden ihr Zettel und Autogramm-Alben reichen, die sie zu signieren beginnt. Guido eilt zum Ausgang des Pavillons.

Guido: Claudia!

Claudia winkt ihm lachend zu.

Claudia: Ciao!...

Guido drängt sich durch die immer dichter werdende Menschenmenge.

Guido: Wann bist du denn angekommen?... Warum hast du mich nicht benachrichtigt?

Claudia, die von den Leuten immer mehr bedrängt wird, antwortet nicht. Noch immer lächelnd, aber sich schon leicht belästigt fühlend, versucht sie, auszuweichen und sich Platz zu schaffen zwischen den immer zahlreicher werdenden Autogrammjägern.

Claudia: Jetzt ist Schluß... bitte... entschuldigen Sie... noch dieses, und dann ist Schluß... ich kann nicht mehr... bitte...

Guido greift ein. Er nimmt sie beim Arm und versucht, Platz zu schaffen, und weil ihm nichts Besseres einfällt, zieht er sie mit sich in den Pavillon des Fakirs, indem er die Leute, die folgen wollen, wegdrängt und die Tür schließt.

Guido: Entschuldigen Sie... lassen Sie uns bitte durch... Schluß...

Nach einem Augenblick der Überraschung über die Nachbarschaft des schlafenden Fakirs im gläsernen Sarg, lacht Claudia belustigt auf, mit fast kindlicher Frische.

Claudia: Was ist denn das?... Brrrr!... Schau, schau mal... das gruselt mich!...

Da sich die Leute jetzt vor dem Schaufenster sammeln, wendet sich Guido an die Frau des Fakirs.
Guido: Bitte, Signora, könnten Sie nur für ein paar Minuten schließen. Dann gehen wir wieder ... sehen Sie! ...
Indem er dies sagt, zieht er selbst die Vorhänge zu und verwehrt den Blicken der Neugierigen die Sicht. Nochmals wendet er sich entschuldigend der Frau zu, die verblüfft und etwas feindselig dasteht. Dann dreht er sich wieder zu Claudia und ergreift ihre Hände.
Guido: Claudia! ... Du Wunderschöne! ... Solltest du nicht morgen ankommen? ... Ich hätte dich im Hotel erwartet ...
Er beugt sich vor, um sie auf die Wange zu küssen. Fröhlich lächelnd erwidert Claudia die Küsse.
Claudia (lebhaft): Wann fangen wir an?

Guidos Auto. Innen. Nacht.

Langsam steuert Guido seinen Wagen über eine einsame, dunkle Landstraße. Neben ihm sitzt Claudia, die ihm aufmerksam zuhört, voller guten Willens, ihn zu begreifen, interessiert wie ein Kind, dem man ein Märchen erzählt.
Guido: ... Siehst du, er hat sie gesehen, hat mit ihr gesprochen und sich alle möglichen Luftschlösser aufgebaut ... aber eben Luftschlösser, so daß er selber nicht einmal mehr klar sieht ... es gelingt ihm nicht ... einen Sinn darin zu entdecken ... Kurzum, deine Rolle, die Figur dieses Mädchens, müßte irgendwie das Ziel seiner Sehnsüchte darstellen. Auch wenn es ihm nicht gelingt, sie zu klären ... sie zu verwirklichen ... ist das alles für ihn sehr wichtig. Er kann auf diese Gestalt nicht verzichten ... denn, wenn er auf sie verzichten würde ... wäre es, als würde er jegliche Hoffnung aufgeben ... Verstehst du? ...
Er lacht und sagt mit verändertem Ton:
... Dies ist auch der Grund, warum ich dich habe kommen lassen ...
Claudia (mit einem angedeuteten, etwas unsicheren Lächeln, fragt ernsthaft): Wer ist denn dieses Mädchen? Eine

Studentin? Oder arbeitet sie? ... wo hat er sie kennengelernt? ...
Guido: Er müßte ihr hier begegnet sein... Nein, sie ist keine Studentin... Zuerst dachte ich, daß sie vielleicht die Tochter eines Museumswärters sei... aufgewachsen zwischen lauter alten Bildern... so daß auch sie fast wie eine Gestalt aus diesen alten Bildern wäre: ein Mädchen, wie von einem italienischen Meister... Aber nein, vielleicht wohnt sie neben einem Bahnwärterhäuschen... arbeitet in einem Kurbad oder im Hotel... 's ist eine Hypothese.
Beunruhigt blickt Claudia ihn an.
Claudia (sachlich, ehrlich): Was heißt Hypothese? Gibt es denn diese Rolle im Film? Mir scheint, ihr habt sie überhaupt noch nicht geschrieben...
Guido antwortet im Ton eines scherzhaften, etwas ruchlosen Geständnisses.
Guido: Nein, sie ist nicht geschrieben... und noch nicht einmal ausgedacht.
Claudia weiß nicht, ob Guido sie zum Narren halten will oder ob er im Ernst spricht. Sie geht auf den Scherz ein, ist jedoch ernstlich beunruhigt.
Claudia: Entschuldige, aber wann soll ich anfangen? ... Und du? Wie willst du denn anfangen?
In scherzhaftem Ton, sich äußerst sicher gebend, antwortet ihr Guido.
Guido: Ich werde schon anfangen, nur keine Angst, in zwei Wochen...
Er lacht. Dann fährt er mit verändertem Ton fort:
... weißt du, das ist ein etwas besonderer Film für mich... Die Figuren müssen ein wenig aus den Umständen heraus entstehen, vor allem die deine... Sie haben alle kein autonomes Leben.
Sie freundschaftlich neckend, fragt er:
... Weißt du, was autonom heißt?
Claudia: autonom... ja, autonom...
Guido (unvermittelt): Du, zum Beispiel, bist du noch nie in jemanden verliebt gewesen? Könntest du dich in einen solchen Mann verlieben? ...
Claudia ist ein wenig überrascht, aber sie denkt sogleich wieder vernünftig und praktisch.

Claudia: Aber entschuldige, er ist doch verheiratet, oder nicht?
Guido: Ja, das habe ich dir doch gesagt ... und er hat auch noch eine andere Frau, eine Geliebte.
Claudia: Ah! Was sucht er denn dann noch? Wenn seine Frau ihn gern hat ... Der scheint mir nicht sehr sympathisch zu sein ...
Guido: Nein, vielleicht ist er nicht sympathisch. Warum muß er denn sympathisch sein?
Claudia: Hat er wenigstens seine Frau gern? Wer spielt denn die Frau? Hat sie eine große Rolle?
Guido: Er weiß nicht, ob er sie liebt ... Im Grunde schon, sehr sogar ... Aber sie ist sein ewiges schlechtes Gewissen. Kann man ein schlechtes Gewissen lieben? Sie wird ihm immer fremder, wie ein Richter, bei dem du, selbst wenn er dich anlächelt, genau weißt, daß er dich verurteilt. Und die andere ... eine Art Erinnerung ... eine Art Mutter, nährend aber gleichzeitig auch zerstörend ... kannst du mir folgen? Hast du verstanden?

Claudia läßt den Kopf hängen. Sie ist besorgt. Mit einem winzigen Rest von Scherzhaftigkeit im Ton sagt sie ehrlich:

Claudia: Ich verstehe nur ein großes Durcheinander ...

Guido lacht, aber irgendwie ist er verstört. Er fährt noch langsamer. Der Wagen befindet sich jetzt auf dem kleinen Platz eines einsamen, alten Städtchens, das wie verzaubert wirkt. Guido schaut hinaus. Man kann die Umrisse der Häuser erkennen.

Guido: Hier müßte irgendwo ein Palazzo aus dem fünfzehnten Jahrhundert stehen ... wunderschön ... ein kleiner Platz ... warte mal!

Guido fährt schneller, biegt in ein Gäßchen, das zu einem anderen Platz führt: ein unvergleichlich schönes Beispiel für die Architektur des 16. Jahrhunderts. Der ganze Hintergrund ist, wie auf einem Bühnenbild, durch einen antiken, halbverlassenen, feierlichen Palast voller Geheimnisse abgedeckt.

Guido hält an, öffnet die Tür und steigt aus. Auch Claudia steigt aus dem Wagen.

Platz und Palazzo aus dem 16. Jahrhundert. Außen. Nacht.

Zwischen den Pflastersteinen wuchert das Unkraut. Die kleinen Häuser, die den Platz umgeben, sind fest verschlossen. Kein Ton ist zu hören, keine Menschenseele ist zu sehen. Die Kirchturmuhr schlägt die Stunde. Guido und Claudia blicken sich schweigend um.

Claudia (mit gedämpfter Stimme): Oh, wie schön das ist!... Diesen Palazzo würde ich gerne haben...

Guido hängt sich bei ihr ein, er setzt seine vorher unterbrochene Rede fort, aber schüchterner, fast als wäre es eine Beichte, bei der sich die Aufrichtigkeit mit dem Drang nach einer inneren Eingebung vermischt.

Guido: Manchmal hab ich das Gefühl, alles ganz klar vor mir zu sehen, so daß ich meine, ich hätte den Film schon gemacht. Vielleicht weil dies alles Erinnerungen von mir sind... Dinge aus meinem Leben... andere Male wieder entzieht sich mir alles, wird wirr, sinnlos... Alles ein bißchen so wie mein Leben... Was für einen Sinn hat es?... Nun, ich weiß nicht...

Er hält sie an der Hand und führt sie zum Wagen zurück. In scherzhaftem, aber sehr vertraulichem Ton fügt er hinzu:

... Du, sag das aber ja nicht den Journalisten... Ich sage das nur zu dir... erzähl niemandem davon...

Claudia, etwas betroffen über diese plötzliche Vertraulichkeit und über seinen Ton, blickt ihn voller Interesse an und beruhigt ihn eiligst.

Claudia: Ich... nein!... was man mir sagt, sage ich nie weiter...

Sie steigen ins Auto.

Guidos Auto. Innen. Nacht.

Jetzt sitzen sie wieder im Wagen, haben auch die Türen geschlossen. Anstatt loszufahren, wendet Guido sich zu Claudia und betrachtet sie im Halbdunkel mit rein professionellem Interesse.

Guido: Hast du noch nie versucht, das Haar nach oben zu

frisieren? ... Wie siehst du aus mit hochgestecktem Haar? ... Versuchs mal ...

Claudia beeilt sich, dem Regisseur zu gehorchen.

Claudia: Es gefällt mir nicht ... Das steht mir nicht ...

Guido: Dreh dich ... so ... das steht dir ausgezeichnet ... dreh dich zur anderen Seite ...

Schweigend sieht er sie einige Augenblicke an, dann läßt er den Motor an und redet weiter:

... Ich hatte mir auch gedacht, daß er sie sich in vielen verschiedenen Posen vorstellt. ... so, zum Beispiel, wie jetzt ... dann auf einer Wiese ... dann einmal in seinem Zimmer im Hotel ... sie tritt dort plötzlich durch die Tür ... und sie sind beisammen ...

Claudia: Aber ist sie denn in ihn verliebt?

Guido: Ja, ich glaube ... sie müßte eigentlich verliebt sein ... Ja, das ist es ja gerade, eine neue Möglichkeit, die sich ihm anbietet ... die ihn überrascht ... die sein Leben ändert ...

Claudia: Aber, entschuldige, dieses Mädchen ist doch ein bißchen seltsam ... wo sie ihn doch nur einmal gesehen hat ...

Guido: Das ist es ja gerade ... Es ist, als hätte sie ihn immer schon gesehen ... Sie müßte ihm zum Beispiel sagen: du bist für mich der erste richtige Mann, ich werde auf dich warten, wenn du willst; wenn du willst, komme ich mit dir, ich werde warten, ich werde alles tun, nur um immer bei dir zu sein ... würdest du so etwas zu einem Mann sagen?

Claudia ist leicht verstört.

Claudia: Ich weiß nicht, das kommt drauf an ... Wenn ich ihn wirklich liebte ... aber dann kommt es ja drauf an, wie du es haben willst ... Wer weiß, wie sehr das arme Mädchen leiden muß, wenn sie wirklich in einen Mann wie diesen verliebt ist! Wie heißt sie eigentlich?

Guido: Ich würde sie Claudia nennen ...

Claudia: Aber das ist ja mein Name!

Guido: Ja, hast du was dagegen? ... Sie muß so wie du sein ... Deshalb habe ich auch dich ausgesucht ...

Lächelnd wirft Claudia ihm einen etwas zweifelnden Blick zu, wieder leicht verwirrt, und Guido ändert sogleich den Ton.

Guido: Ich weiß, daß ich mich unklar ausdrücke. Dann stell dir einmal einen Mann um die Vierzig vor, so wie ich es bin...

Claudia: Ah... Du bist vierzig? Ich dachte...

Guido: Älter, meintest du?...

Claudia versucht, es wiedergutzumachen, und mit kindlicher Stimme sagt sie:

Claudia: Wie?... es ist, weil du eine Brille trägst...

Guido nimmt die Brille ab.

Guido: So?...

Claudia: Neununddreißig

Sie lachen.

Guido: Nein, jetzt mal im Ernst. Stell dir vor, ein Mann in meinem Alter... der nie genau seine Gefühle erforscht hat, aus einer Art Ablehnung der Wahrheit heraus... Oder auch weil er die Wahrheit nicht erkennen kann... Eines Tages geschieht es, daß er ein Mädchen kennenlernt... ein Mädchen, so wie du... Wie alt bist du eigentlich?...

Claudia: Einundzwanzig.

Guido: Erscheint dir das zu jung?...

Claudia ist ehrlich und antwortet sehr ernst und etwas verstört.

Claudia: Nein, warum?... Wenn ich jemanden wirklich lieben würde, wäre mir sein Alter gleichgültig...

Es folgt ein Schweigen. Guido hat das Tempo so stark vermindert, daß jetzt der Wagen stehenbleibt, wie von selbst. Um sie herum liegt weit und breit nichts als das nächtliche Land mit dem lauten Zirpen der Grillen und dem Wispern des Grases. Guido scheint in eigene Gedanken versunken zu sein. Nach einigen Augenblicken fragt Claudia mit leiser Stimme:

Claudia: Wie geht es dann schließlich aus?

Guido schüttelt seine Gedanken ab, sieht sie einen Augenblick schweigend an, dann, anstatt ihr zu antworten, redet er weiter, als ließe er den Faden seiner Gedanken weiter abspulen.

Guido: Für ihn ist das etwa so: er merkt, daß hinter einer Glasscheibe sich etwas abspielt, das nur für ihn bestimmt ist... etwas wie eine Wiedergeburt... Und deswegen mußte er erkennen, daß er bisher von allem, vom Leben, ausgeschlossen war... und obwohl er mit übergenauer Klarheit die... die Ehrlichkeit dieses Angebots erkennt, ist er so... so...

Claudia: So ein Feigling?...

Claudias Worte waren offen und einfach, aber in ihrer Stimme schwingt etwas sehr Persönliches mit; Guido zuckt leicht zusammen.

Guido: Na, das ist etwas zu hart ausgedrückt... Feigling?...

Nimm mal an, ich habe dich bei dem Fakir hinter der Glasscheibe erblickt ... daß ich da begriffen hätte, daß du ... genau du, Claudia, du, so wie du bist, bereit wärest ... mich zu lieben ... daß ich mit dir alles von neuem beginnen könnte ... ich weiß nicht, wie ... natürlich ... aber nimm mal an, es wäre so ... und dann hätte ich nicht den Mut gehabt, die Fensterscheibe einzuschlagen ... weil dort überall Leute waren ... um mich nicht für verrückt halten zu lassen ... so, verstehst du? ... ja, im Grunde, ein Feigling ... Und du hättest ein wenig gewartet ... mir zugelächelt ... und wärst weitergegangen ... Weißt du, daß ich dich dort gesehen habe, einen Augenblick lang, tatsächlich ... im Zweifel war, ob du es seist ...

Der Ton, auf Messers Schneide zwischen Dichtung und Wahrheit, wird immer gefühlvoller.

Auch Claudia ist davon ergriffen.

Claudia (halb flüsternd): Aber er, sagt er ihr diese Dinge? ... Wenn er sie liebt, warum sagt er es ihr nicht? ... das wäre doch einfacher ...

Guido starrt sie im Halbdunkel an ...

Guido: Und wenn er es ihr auch sagen würde? ... Das ist ja der Punkt ... Er, der so tief verstrickt ist ... so müde ... Wie soll er denn den Mut aufbringen? ... Auf was kann er hoffen? ... Was sollte er nachher machen, deiner Meinung nach? ... Mit ihr auf und davon gehen? ...

Beide versinken in nachdenkliches Schweigen. Mit leiser, etwas verstörter Stimme, aber spontan und offen antwortet ihm Claudia schließlich.

Claudia: Ja, ich meine, wenn er weder seine Frau noch die andere, seine Geliebte, lieben kann ... warum sollte er dann ausgerechnet sie lieben können? ... vielleicht kann er niemanden lieben ... dann hat alles keinen Zweck.

Nochmals ein kurzes Schweigen. Aber der Zauber ist gebrochen. Wieder in realistischem Ton, teils scherzhaft, teils bitter, sagt Guido, indem er den Motor des Wagens anläßt:

Guido: Nun, dann eben Schluß, aus ... wir schneiden die Rolle raus. Oder wir lassen den ganzen Film bleiben.
Claudia, auch sie scherzend, fast erleichtert, aber doch etwas beunruhigt:
Claudia: Ich habe ja einen Vertrag, und ihr werdet mich zahlen müssen ...
Guido, der jetzt den Wagen in schnellerem Tempo fährt, spricht weiter.
Guido: Aber dieses Mädchen gibt es, gibt es doch ... es gibt sie ... ich weiß es ... ich kenne sie ... hier ...
Er bremst ziemlich scharf.
... ich weiß auch, wo sie wohnt. Sie wohnt dort ... in dem Häuschen neben dem Bahnwärterhaus, jetzt werde ich sie dir zeigen, so kannst du dich selbst überzeugen.
Claudia lacht mit kindlichem Vergnügen, ein bißchen erregt.
Claudia: Wo gehst du hin? ... was machst du? ...
Guido öffnet ihr die Tür, läßt sie aussteigen.
Guido: Steig aus ... Wir klingeln und ich hole dir Claudia ...

Straße und Bahnwärterhäuschen. Außen. Nacht.

Der Wagen parkt in der Nähe eines Bahnüberganges, vor dem ein kleines, verschlossenes, stilles Häuschen steht.
Guido führt Claudia bei der Hand, sie lacht wie ein Kind, ist aufgeregt und läßt sich, etwas zögernd, zum Häuschen führen.
Guido: Komm ... Wo ist die Klingel?
Claudia löst ihre Hand aus der seinen und läuft einige Schritte zurück.
Claudia: Nein, nein ... Was wirst du ihr sagen? ... Um diese Zeit? ... Mach keinen Blödsinn ... Es stimmt ja sowieso nicht ...
Aber insgeheim vergnügt sie dies alles, auch ist sie nicht ganz davon überzeugt, daß Claudia nicht wirklich existiert. Guido läutet und klopft.
Guido: Dort schläft Claudia ... Das ist ihr Zimmer ... Jetzt kommt sie herunter ...
Guido wird unterbrochen. Ein Fenster öffnet sich: eine alte, ungekämmte, verschlafene Frau beugt sich heraus, Claudia lacht

etwas erschrocken. Sie weiß nicht, ob sie nicht schnell ins Auto schlüpfen soll, dann folgt sie vergnügt der Szene.
    Frau: Wer ist da?... Was wollen Sie?...
    Guido: Entschuldigen Sie ... Der Buchhalter ... der von der Gemeinde ... ich weiß nicht, wie er heißt ... wohnt er hier?...
    Frau: Wer?...
    Guido: Der Buchhalter von der Gemeinde ... ich weiß seinen Namen nicht mehr ...
    Frau: Nein ... nein ... was denn für ein Buchhalter?... nein, hier wohnen nur wir ...
    Guido: Es tut mir sehr leid. Entschuldigen Sie vielmals ... Man hatte uns gesagt ... Gute Nacht!
Die Frau schließt das Fenster. Guido geht zu Claudia, die wie ein kleines Mädchen frei herauslacht.
    Claudia: Ist sie das, deine Claudia?...
Scherzend und jetzt auch ein wenig schelmisch nimmt er sie bei der Hand.
    Guido: Du bist Claudia ...
Er will ihr einen Kuß aufs Haar geben, aber Claudia lacht und entschlüpft ihm, indem sie in den Wagen steigt.
    Claudia: Fahren wir zurück?... Ich habe ziemlich Hunger ...
Guido schließt die Tür.
    Guido (unbestimmt): Ja ... Fahren wir zurück ...
Er geht um den Wagen herum und steigt ein.

Strand und Raumschiff. Außen. Tag.

Guidos Wagen nähert sich der großen Abschußrampe, die jetzt fertiggebaut ist. Ringsherum auf dem Strand wartet eine kleine Menschenmenge: Journalisten, Photographen, Gäste, Schauspieler, Schauspielerinnen und die Leute von der Filmproduktion. Ein langes Buffet, das von drei oder vier Dienern in weißen Jacken betreut wird, unterstreicht den mondänen Ton des Anlasses.
Viele Autos sind kreuz und quer auf der Straße längs des Strandes geparkt. Guido ist in Begleitung von Luisa und Carini,

die sich sogleich in der Masse der Leute, die den Regisseur umdrängen, verlieren. Unter den Wartenden stehen auch Rossella, Tina, Michela, Enrico und D'Andrea. Man kann auch einige Schauspielerinnen erkennen, die bei den Probevorführungen zu sehen waren.

Der erste, der triumphierend auf Guido zugeht, ist der Produzent Pace, den amerikanischen Schauspieler, der die Hauptrolle spielen wird, am Arm mit sich zerrend. Er hat ihn schon schminken lassen, um auf der Pressekonferenz mehr Effekt zu machen. Während der Schauspieler Guido etwas ostentativ die Hand reicht, winkt Pace den Photographen aufgeregt zu, damit sie sich die Szene der Begegnung nicht entgehen lassen. Der Händedruck wird auch mehr als notwendig verlängert, und Guido, der dasteht, eingezwängt zwischen Leuten, ist Zielscheibe der blitzenden Kameras. Jetzt bahnt sich Pace, unterstützt von Bruno und den Assistenten, einen Weg durch die Menge und zur Treppe der Startrampe.

Pace: Vorwärts, vorwärts ... steigt rauf ... wenn er dort oben eingekeilt ist, kann er euch nicht mehr entwischen ... fragen Sie, soviel Sie wollen ... Moment, ... halten Sie doch hier bitte einen Moment an ... auf der Treppe ... Guido!

Auf halber Höhe der Treppe einhaltend, wiederholen Guido und der Schauspieler nochmals den Händedruck, während die Reporter mit ihren Kameras wild knipsen und blitzen. Guido geht weiter, von der kleinen Menschenmenge der Journalisten und Schauspieler dicht gefolgt, fast verfolgt. Es wirkt so, als würden sie ihm zur Hinrichtung auf die Guillotine folgen.

Oben auf der dritten Terrasse angekommen, wird Guido sogleich von Pace an einen Tisch gewiesen, neben dem ein Mikrophon steht. Alles ist bereit für die Pressekonferenz. Guido zieht sich hinter den Tisch zurück wie hinter eine Barrikade, die ihn vor den Leuten schützt. Aber der Ring schließt sich schnell wieder um ihn. Neben ihn, fast als sein karikiertes Ebenbild, setzt sich der geschminkte Schauspieler. Auf der anderen Seite sitzt Pace, der den Journalisten aufmunternd zuwinkt, während Bruno hektographierte Texte verteilt.

Pace: Sie können fragen, was Sie wollen ... Geheimnisse gibt es inzwischen keine mehr ... Übermorgen beginnen die Dreharbeiten, ... es geht los. Die Besetzung und die technischen Angaben ... alles steht hier vermerkt ... auf diesen Mitteilungsblättern.

Schon beginnt einer der Journalisten mit dem Verhör, in einem Ton, der rasch aggressiv, feindselig und erbarmungslos wird.

1. Journalist: Erkennen Sie sich selbst in der Figur des Hauptdarstellers? ...

und er zeigt auf den geschminkten Schauspieler.

Guido: Immer ... mehr oder weniger unbewußt ... ich würde sagen, daß der Darsteller das Spiegelbild ...

Da unterbricht ihn ein zweiter Journalist, der weiterbohrt.

2. Journalist: Stimmt es, daß es sich um ein autobiographisches Bekenntnis handelt? ...

Guido: Es gibt nie eine genaue Grenze zwischen Autobiographischem und Erdachtem ... glaube ich ...

3. Journalist: Wenn dieser Film kein Science-fiction-Film ist, dann bedeutet das, daß Sie das utopische Thema benützt haben, als Versuch, aus Ihrer Wirklichkeit zu entfliehen?

Guido: Nicht ganz ... nicht nur aus meiner ... eher als einen neuen Weg ...

Schon wird er wieder von einem anderen unterbrochen, und während dieser spricht, wandert Guidos abwesender Blick auf die weite, ruhige Fläche des Strandes und des Meeres, die sich direkt unter dem Turm ausdehnt.

4. Journalist: Das Problem der Kommunikationsunfähigkeit, ist das wirklich Ihr Hauptproblem, oder ist es nichts weiter als ein Vorwand?

Guido: Ich glaube, mit der Zeit ist es für alle ein Vorwand geworden ... Ein rhetorischer Gemeinplatz ...

1. Journalist: Also, was wollen Sie dann mit diesem Film ausdrücken? ...

Andere schalten sich ein.

3. Journalist: Denken Sie wirklich, daß Ihre autobiographischen Erlebnisse das Publikum interessieren? ...

5. Journalist: Wie rechtfertigen Sie diesen Rückfall ins Sentimentale gegenüber dem Neorealismus? ...

6. Journalist: Ist es eine innere Bilanz, was Sie uns da vorsetzen, oder eine Art Testament?

Der Kreis hat sich immer dichter um Guido geschlossen, dessen abwesender Blick immer häufiger zum Himmel, zum Meer, zu den Dünen schweift ...

Jetzt, plötzlich, während alle realen Geräusche um ihn verstummen, werden die Fragen immer gewaltsamer, die Blicke und Bewegungen immer bedrohlicher; eine lynchwütige Atmosphäre breitet sich aus.

Journalisten: Weiß Ihre Frau, daß es sich um ein autobiographisches Bekenntnis handelt? – Was denkt Ihre Frau über außereheliche Beziehungen? – Stimmt es, daß sie sich scheiden läßt? Oder hat sie sich angepaßt und tröstet sich ihrerseits mit einem Geliebten? – Wissen Sie, daß dieser Film die Beichte eines Impotenten ist? – Wenn Sie ein Versager sind, was wollen Sie uns denn beibringen? – Geben Sie zu, daß Sie nichts mehr zu sagen haben? – Was hält Sie eigentlich noch vom Selbstmord ab? – Warum ziehen Sie sich nicht mit Anstand zurück? – Hauen Sie doch ab! ... Hauen Sie doch ab! ...

Und plötzlich greift einer der Interviewer nach einem Ziegelstein und wirft ihn Guido an den Kopf. Einer ergreift einen Eisenhaken und stürzt sich auf ihn. Andere folgen dem Beispiel. Das Lynchen beginnt.

(Überblendung)

Halb entkleidet, zerzaust, blutend steht Guido jetzt aufrecht am Strand in einer gläsernen Stille.

Rundherum lungern noch in kleinen Gruppen Journalisten und Gäste, die sich unterhalten und sich verabschieden wie nach der Beendigung einer Zeremonie. Neben Guido steht ein Assistent der Produktionsleitung, ein untersetzter, schwerfälliger Mann, der ihn mit einem ehrlichen Blick bestürzten Mitleids betrachtet.

Assistent: Verdammt nochmal! ... dottore! ...

Und er spricht nicht weiter. Guido ist völlig verwirrt und erinnerungslos. Nach einer Pause fährt der andere fort.

Assistent: Verdammt nochmal! ... dottore! ... haben Sie gesehen? Die haben Sie richtig totgeschlagen!

Guido: Mich?

Assistent: Ja, haben Sie denn nicht gesehen? ... Verdammt nochmal! ...

Eine große Hoffnung erscheint auf Guidos gemarterten Zügen.

Guido: Ach ja? ... Ja dann ...

Der andere zuckt mit den Achseln, ehrlich erbittert, aber auch resigniert.

Assistent: Tja ...

Guido: Aha, ja dann bin ich...

Der Mann nickt mit dem Kopf, breitet die Arme aus und deutet auf etwas am Strand. Guido dreht sich um. Direkt am Ufer steht ein Leichenwagen. Guido ist zutiefst ergriffen, aber von glücklicher Ergriffenheit, voller Hoffnung und Freiheitsgefühle.

Guido: Gott sei Dank!... Weißt du, ich bin richtig froh!... Ich kann also gehen?... dann geh ich?...

Der andere ist etwas überrascht.

Assistent: He, warten Sie, nein, ich werde jemanden holen... Sie können doch nicht einfach gehen... den Ingegnere... den dottor Bruno...

Guido: Nein, nein, nein... laß das bleiben... niemanden...

Der Mann ist fast empört.

Assistent: Aber wenigstens Ihre Frau... Ihre Schwägerin... dottore!...

Guido: Nein, nein... auch nicht meine Frau... das geht wunderbar so... Wenn du wüßtest, wie froh ich bin! Das ist genau das, was ich mir gewünscht habe!... Sei ruhig... laß es bleiben, ruf niemanden... und danke noch... Auf Wiedersehn... Ciao...

Und Guido geht mit leichtem, befreitem Schritt auf den Leichenwagen zu. Er setzt sich neben den Fahrer, der eine graue Livrée und eine Schirmmütze trägt: er schaut ihn an. Es ist der amerikanische Schauspieler, geschminkt, schweigsam, unbeweglich. Der Wagen fährt langsam ab.

Der Strand, das Raumschiff, das Meer verschwinden fast plötzlich. Der Wagen fährt jetzt, sanft, weich, ohne zu rucken, ein wunderschönes, grünes, blühendes Tal entlang. Guido ist glücklich. Bezaubert schaut er sich um, atmet die duftende Luft ein, die ihm ins Gesicht weht... Der Wagen fährt durch das Schiff einer wundervollen, großen Kirche, im vollen Festschmuck, mit unendlich vielen glitzernden Lichtern. Ein voller, feierlicher, lieblicher Orgelklang begleitet einige Augenblicke lang die Fahrt des Wagens, der immer weiterrollt...

... durch den unendlich langen Gang einer Bildergalerie, zwischen lauter Meisterwerken...

... die verschwinden, um einer riesigen Piazza Raum zu geben,

einer Piazza von perfekter harmonischer Schönheit, still und leer...
... doch nun beginnt der Wagen offenbar eine lange, spiralförmige Talfahrt; einen Abstieg, auf welchem immer im gleichen Rhythmus Orte, Personen, Dinge aus dem Leben Guidos auftauchen, wieder verschwinden und erneut auftauchen:
eine große Statue des Kardinals, das Hotelzimmer mit Carla, die wartend auf dem Bett liegt, die Halle mit Luisa, das große Zimmer der Produktion mit Bruno und dem Produzenten Pace, die Schulbank, der Bauernhof, der Strand mit der Saraghina...
Der Rhythmus wird immer schneller, die Wiederholungen immer häufiger, immer die gleichen Orte, die gleichen Personen, die immer erbarmungsloser, ständig und unausweichlich wiederkehren... Guido, mit weit aufgerissenen Augen, schweißgebadet, geschüttelt von Entsetzen und Angst, stößt einen fürchterlichen Schrei aus...

Guidos Schlafzimmer im Kurhotel. Innen. Tag.

Guido packt seinen letzten Koffer. Zwei Koffer stehen bereits verschlossen neben der Tür. Im Zimmer herrscht Unordnung wie bei einem Umzug.
In einem Sessel sitzt Carini. Er spricht ruhig, mit der gewohnten Gelassenheit. Guido schweigt. Vielleicht hört er gar nicht so recht, was der andere sagt.
Carini: Im Grunde genommen gehört Geld zu verlieren mit zu dem Beruf des Produzenten. Du hast das ganz richtig gemacht. Es war nichts mehr zu machen... Pace verdient es nicht anders: man läßt sich nicht derart unvorsichtig auf ein so verrücktes Abenteuer ein... Für ihn wäre ein mißglückter Film nichts weiter als ein finanzielles Problem gewesen. Für dich, im gegenwärtigen Zeitpunkt... es hätte dir den Garaus machen können... Laß sie nur schimpfen ... Du hast den Mut gehabt, zu verzichten. Du hast dich grade noch rechtzeitig gerettet...
Der Liftboy klopft an die Tür, tritt ein und zeigt auf die Koffer.
Liftboy: Kann ich sie mitnehmen?...
Guido: Ja... bring sie runter...

Dann, während der Liftboy das Gepäck auflädt, geht Guido ins Badezimmer, um noch einmal nachzusehen.
Guido: Na ja ... gehen wir! ...
Er geht, vor Carini her, hinaus.

Hotel-Korridor und Produktionsbüro. Innen. Tag.

Hinter dem Liftboy mit dem Gepäck schreiten Guido und Carini den Hotelkorridor hinunter. Im Vorübergehen bleibt Guido einen Augenblick lang an der Schwelle des Produktionssaales stehen und geht einige Schritte weit hinein.
Auch hier steht alles im Zeichen des Abbruchs. Die Photographien hat man von den Wänden abgenommen, die Modelle stehen auf dem Boden herum, einige davon sind bereits zerbrochen, einige offene Kisten sind mit verschiedenen Gegenständen halb gefüllt. Zwei Angestellte der Produktion sind, zusammen mit einem der jungen Assistenten beim Packen. Sie blicken Guido auf seltsame, ernste, nicht gerade feindselige Weise, aber keineswegs mit Sympathie an. Guido grüßt sie.
Guido: Na, auf Wiedersehen ... Auf bald ... bis zum nächsten Mal ...
Einer der beiden zuckt die Achseln.
Angestellter: Na, hoffen wir wenigstens ...
Auch die beiden anderen grüßen. Guido geht hinaus.

Halle im Kurhotel. Innen. Tag.

Die große Hotelhalle ist fast menschenleer.
Draußen erlischt das letzte Licht des Tages.
Auf einem kleinen Diwan in einer Ecke sitzt Luisa im Reisekostüm. Neben ihr drei oder vier große Koffer. Als sie Carini und Guido aus dem Aufzug treten sieht, steht Luisa auf, nimmt die Handtasche an sich, die Kostümjacke, den Schirm. Der Portier nähert sich Guido und sagt, auf die Koffer deutend:
Portier: Soll ich aufladen lassen?
Guido: Ja, auch die meinigen ...
Luisa ist bereits in den Garten hinausgetreten. Der Portier macht dem Gepäckträger und dem Hausdiener ein Zeichen, worauf

diese eilfertig Luisas Koffer ergreifen und dem Liftboy folgen, der Guidos Koffer trägt. Auch Guido und Carini gehen hinaus.

Garten des Kurhotels. Außen. Tag (Sonnenuntergangsstimmung).

Der Gepäckträger und der Hausdiener laden die Koffer auf den kleinen Omnibus des Hotels; dann stellen sie sich neben dem Portier auf, in Erwartung des Trinkgelds. Guido verteilt die Trinkgelder, erntet Verbeugungen und gute Wünsche.

>*Guido* (nebenbei zu Carini): Tut mir leid, daß ich dir die Mühe mit meinem Wagen aufhalse ... morgen ist er fertig ... Wenn du ankommst, ruf mich gleich an ... Ich komm ihn dann selber bei dir zu Hause abholen ... Und danke einstweilen ...

Dann fügt er, mit Überwindung, ohne Carini anzublicken, hinzu:

>... für alles ...

Carini küßt Luisa, die in den Bus steigt, die Hand; gleich darauf, nach einem Händedruck mit Carini, steigt auch Guido ein. Während der Bus anfährt, hebt Carini grüßend die Hand.

>*Carini* (betont): Alles bestens ... Keine Gewissensbisse ... du hast den richtigen Entschluß getroffen ...

Der kleine Omnibus fährt den verlassenen Gartenweg entlang über knirschenden Kies, hinaus durch das Gartentor, auf die Straße.

Straßen des Kurortes. Außen. Tag (Sonnenuntergangsstimmung).

Der Hotelomnibus fährt schnell durch die Straßen des Kurstädtchens. Es gibt jetzt nur noch wenige Leuchtreklamen; die bunte Menschenmenge der Saison ist fast völlig verschwunden. Die kleine Stadt nimmt wieder ihr provinzielles, ein wenig trübseliges Aussehen an.

Im Innern des Hotelomnibusses. Tag (Sonnenuntergangsstimmung).

Nachdem sie in den Hotelbus, der sie zum Bahnhof bringt, eingestiegen sind, haben Luisa und Guido eine bittere Unterhaltung begonnen, die sie aber in gedämpftem, beiläufigem Ton führen.
Luisa: Würdest nicht auch du dich viel freier fühlen? Ich bin es, die dir anbietet, dich völlig freizugeben. Ich bin dir sowieso zu nichts nütze und störe dich nur ...
Guido: Nie im Leben habe ich das gesagt. Wenn es so wäre, hätte ich darauf bestanden, daß wir uns trennen, oder nicht?
Und er fügt, mit einem aufrichtigen Versuch, herzlich zu sein, beinahe lächelnd hinzu:
Guido: Statt dessen bestehst du darauf.
Luisa zuckt zusammen vor Verbitterung über diesen offenbar egoistischen Versuch, zu einem oberflächlichen Kompromiß zu gelangen.
Luisa: Aber auch ich würde mich freier fühlen. Schau, ich bitte dich, denk ernstlich darüber nach, denn ich kann einfach nicht mehr so weitermachen wie bisher. Es ist nämlich kein Vergnügen, weißt du. Dieses beständige Gefühl, dir zur Last zu fallen ... dich zum Lügen zu zwingen ... ich kann das nicht mehr ...
Guido: Du redest, als ob meinetwegen dein Leben zur Hölle geworden sei. So kommts mir nun doch nicht vor.
Luisa: Was weißt du schon davon? Ich komme ja nicht jedesmal angelaufen, wenn ich am Rand der Verzweiflung bin ...
Es entsteht eine Pause. Dann fängt Guido wieder an.
Guido: Wir trennen uns also. Und dann? Darüber haben wir schon so oft gesprochen. Wir trennen uns, und dann, was machen wir dann? Was würde das an der Situation ändern? Du würdest doch immer meine Frau bleiben und ich dein Mann. Würdest du dir einen anderen suchen? Ehrlich, Luisa, würdest du dich wirklich mit einem andern zusammentun?
Luisas Antwort hat wieder einen beinahe aggressiven und immer bitterer werdenden Ton.
Luisa: Dann hast du also gar nichts kapiert. Das fehlte noch! Was ich will, ist in Frieden leben. Nichts anderes. Wenigstens ein wenig Seelenruhe, wenn es schon nichts anderes

gibt. Einfach das, Seelenruhe. Ich hab alles falsch gemacht, Schluß damit, aus. Für mich ist es schiefgegangen.

Guido blickt sie mitleidig an wie ein Kind.

Guido: Du allein? Aber Luisa, mit 37 Jahren! Wie willst du denn in deinem Alter allein leben? Zehn Jahre, zwanzig Jahre allein ... bis du dann alt wirst ...

Luisa: Bin ich vielleicht jetzt nicht auch allein? Was gibst du mir denn? Was kann ich denn von dir noch erwarten? Vielleicht kann ich noch mal von vorn anfangen, das vielleicht. Ehe es zu spät ist. Vielleicht finde ich etwas, fange noch mal an ...

Guido: Wer hätte schon den Mut dazu? Ein neues Leben ... nach vierzehn Jahren ...

Er unterbricht sich, weil der Bus stehengeblieben ist. Guido öffnet die Tür, während der Fahrer, der herausgesprungen ist, ihm entgegeneilt. Der Omnibus steht vor dem Bahnhof.

Guido: Laden Sie gleich das Gepäck ab, bitte.

Dann ruft er:

Träger! ...

Bahnsteig des Kurorts. Außen. Nacht.

Guido und Luisa stehen wartend auf dem Bahnsteig. Nur wenige andere Abreisende erwarten den Zug, so daß der lange Bahnsteig im abendlichen Halbdunkel fast verlassen wirkt. Die Signalglocke, die das Nahen des Zuges ankündigt, bimmelt unablässig. Guido und Luisa reden weiter auf einander ein, aber nunmehr mit noch gedämpfterer Stimme, immer ratloser, verängstigter und bewegter.

Guido: Es stimmt gar nicht, daß wir so schlecht zusammenpassen. Auch wenn man sich scheiden lassen könnte ... Das ist ja das Elend ... Weißt du, Luisa, ich glaube, selbst wenn ich mich wiederverheiraten würde, könnte ich kaum eine bessere Frau finden als dich. Es wäre haargenau das gleiche, nein, eher schlimmer ...

Luisa: Für dich vielleicht ... Aber für mich? Du denkst ja immer nur an dich ...

Guido: Nein, das gilt für mich, für dich und für alle. Wechseln! ... Was bedeutet das schon? Bist du wirklich

überzeugt, daß ein anderer Ehemann ... ein anderer Mann besser wäre als ich? Vielleicht, aber wirklich so viel besser, daß es sich lohnen würde, noch mal von vorne anzufangen und soviel Mühe, Risiko und Kummer auf sich zu nehmen? ...
Luisa schweigt einen Augenblick, tief verwirrt und beinahe verzweifelt. Dann fragt sie mit erstickter Stimme:
> *Luisa:* Was dann?

Die gleiche trostlose Ratlosigkeit liegt in Guidos Stimme.
> *Guido:* Was dann – nichts.
> *Luisa:* Kann man denn so weiterleben? Und wie lange noch? Immer so weiter, bis zum Ende?
> *Guido:* Ich weiß schon, es gibt da ein Mißverständnis. Ein Riesenmißverständnis. Man müßte wissen, ob die Schuld an uns liegt ...

Am Ende des Schienenstrangs erscheint der Zug, kommt schnell näher, mit leuchtenden Scheinwerfern, bremst und hält. Der Lärm wird lauter.
> *Luisa:* Ich will aber nicht so weitermachen ... bis zum Ende, immer so weiter.

Speisewagen. Innen. Nacht.

Guido und Luisa sitzen an einem Tisch und warten darauf, daß das Abendessen serviert wird. Sie sprechen nicht, sind jeder in die eigenen Gedanken versunken.
An den Nachbartischen sitzen wenige Personen, alles wirkt schweigsam und einsam. Der Zug rast mit hoher Geschwindigkeit durch die Nacht.
Guido folgt mit seinen Blicken dem raschen Auftauchen und Verschwinden nächtlicher Landschaften hinter der Fensterscheibe ...
Eine Gruppe erleuchteter Häuser, dann gleich wieder dunkle Felder, von denen sich der Umriß des Zuges mit seinen erleuchteten Fenstern abhebt.
Der verzerrte Schatten Guidos verlängert sich, verkürzt sich, verschwindet, taucht wieder auf ...
Ein kurzer Tunnel verschluckt für einige Augenblicke den Zug: das Licht der Zugfenster tanzt in rasender Schnelligkeit über die schwarzen Felswände, das Getöse der Schienen und Räder, dann leuchten die Lichter wieder hinaus in die Landschaft.

In der Ferne zeichnen sich die Umrisse der Berge ab, auf denen noch ein letzter Tagesschimmer liegt...
Hinter einem Holzzaun tauchen für einen Augenblick, unbeweglich wie schattenhafte Skulpturen, einige Pferde auf...
Der Schatten Guidos wird wieder länger, verkürzt sich dann erneut, tanzt über die verlassenen Felder...
Guido blickt zerstreut im Speisewagen herum und schaut dann aufmerksam Luisa an. Luisa hebt den Blick, und ihre Augen ruhen ineinander. Der Blick ist wie eine gegenseitige Befragung, ein gegenseitiger Versuch, den anderen zu erkennen... Guido schaut wieder durchs Fenster; Luisas Blick schweift ebenfalls ab. Und wiederum sind es die irrealen, phantastischen Bilder der nächtlichen Welt, die der Zug durcheilt, die auftauchen und verschwinden, auftauchen und verschwinden, im gleichen Rhythmus wie das Rollen der Räder auf den Schienen...

Nochmals wendet Guido den Blick ins Innere des Speisewagens: doch diesmal erscheint ihm der Waggon mit den erleuchteten Tischen und rosa Lampenschirmen unendlich lang, unwirklich wie eine Art Landschaft. Und alle Tischchen sind dicht besetzt. Eine seltsame Menschenmenge, ruhig, gesittet und schweigend: der Vater, die Mutter, der Kardinal und die Saraghina, Claudia und Carla, die Frauen aus dem Harem, der Fakir, Carini, die Hellseher und Mezzabotta, alle Menschen aus Guidos Leben, alle sind auf der gleichen Reise nach dem gleichen Ziel, niemand kann zurückgewiesen, niemand verleugnet werden, alle lächeln Guido zu wie gute Reisegefährten... Guidos Gesicht verändert sich und zeigt tiefe, dankbare Rührung. Seine Augen leuchten auf wie bei einer plötzlichen Entdeckung. Er steht auf, seine Lippen bewegen sich, als stammle er unzusammenhängende Worte...
Luisa blickt ihn bestürzt an, auch der Kellner, der gerade servieren wollte, verharrt mit erstarrter Geste.

> *Guido* (hochaufgerichtet, mit erleuchtetem Antlitz, verwirrt, an alle, ans Publikum): Ja, ja... es ist richtig, es ist richtig... ich habe verstanden... es ist sehr einfach... ja, alles... als ob... alle zusammen... ich... ihr... o Gott, wie soll ich euch das erklären?... Danke, Dank an alle... Ihr dürft nur... nicht bremsen... euch

nicht widersetzen ... Es ist ganz einfach ... alles in Ordnung ... alles in Ordnung ... nur daß ...
Dann unterbricht er sich, schaut um sich, verwirrt ...

Der Waggon hat seine normalen Ausmaße und sein normales Aussehen wieder angenommen. Die Menge ist verschwunden, wenige Leute sitzen an den Tischchen, Luisa und der Kellner starren ihn verwundert an. Konfus, aber noch tief bewegt, versucht Guido ein Lächeln und setzt sich wieder. Er verharrt mit gesenktem Kopf, versunken in völlige glückliche Verwirrung, während der Kellner ihm die Speisen vorlegt. Als der Kellner sich entfernt, hebt Guido den Blick zu Luisa.
Die Erleuchtung, die einen Augenblick lang über ihn gekommen war, hat sich bereits verflüchtigt wie ein Traum; nun sucht er inständig, sie zu erklären, sie wieder zu erhaschen, zu deuten, aber es gelingt ihm nicht; und doch ist ihm ein intensives Glücksgefühl zurückgeblieben ...
Mit spontaner Geste streckt er seine Hand über den Tisch und drückt Luisas Hand. Dann blickt er erneut ins Publikum, mit einem letzten Versuch, »etwas« mitzuteilen, ein »Etwas«, das bereits weit fort, vergessen und unerreichbar ist ... Die Leinwand verdunkelt sich langsam ... und bei dunklem Bildschirm hört man nur noch den sicheren, mächtigen, grandiosen, unaufhaltsamen Rhythmus des Zuges, der vertrauenerweckend durch die dunkle Nacht eilt.

Der Film in 50 Bildern

›8 ½‹

(1963)

Produzent:	Angelo Rizzoli, Cineriz (Roma) / Francinex (Paris)
Regie:	Federico Fellini
Idee:	Federico Fellini, Ennio Flaiano
Drehbuch:	Federico Fellini, Tullio Pinelli, Ennio Flaiano, Brunello Rondi
Bildregie:	Gianni di Venanzo
Kamera:	Pasquale de Santis
Dekor und Kostüme:	Piero Gherardi
Musik:	Nino Rota
Regieassistenz:	Guidarino Guidi, Giulio Paradisi, Francesco Aluigi
Schnitt:	Leo Catozzo
Tricks:	Otello Fava
Produktionsleiter:	Nello Meniconi
Organisation:	Clemente Fracassi

Darsteller:	Guido	Marcello Mastroianni
	Luisa, seine Frau	Anouk Aimée
	Carla, seine Geliebte	Sandra Milo
	Saraghina	Edra Gale
	Claudia, das Mädchen von den Quellen	Claudia Cardinale
	Die Ammen	Maria Raimondi, Marisa Colomber
	Die Soubrette	Jacqueline Bonbon
	Carini	Jean Rougeul
	Der Kardinal	Tito Masini
	Maurice, der Telepath	Ian Dallas
	Rossella	Rossella Falk
	Der Vater	Annibale Ninchi
	Die Mutter	Giuditta Rissone
	Mezzabotta	Mario Pisu
	Gloria Morin	Barbara Steel
	Der Arzt	Roby Nicolosi
	Pace	Guido Alberti
	Französische Schauspielerin	Madeleine Lebeau
	Vision der schönen Unbekannten	Caterina Boratto
	Guido als Kind	Marco Gemini

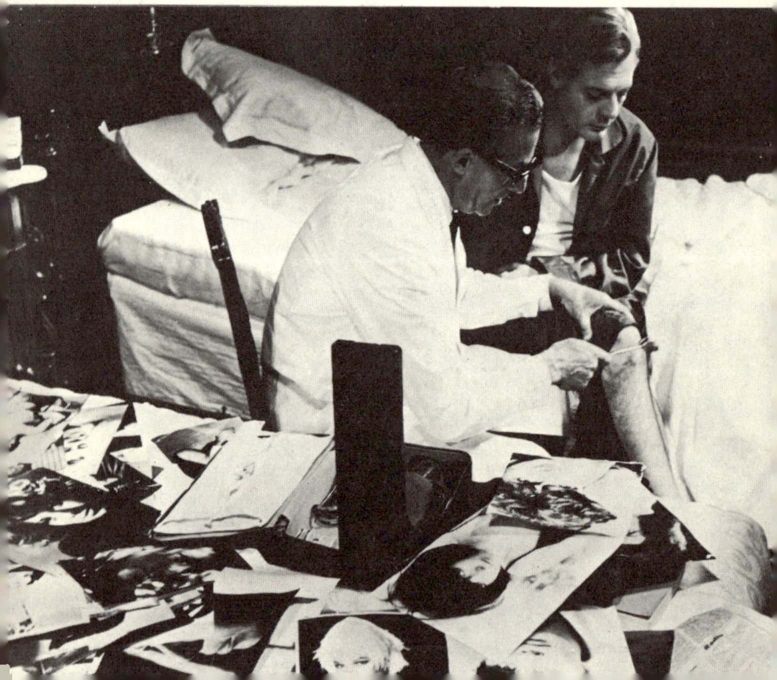

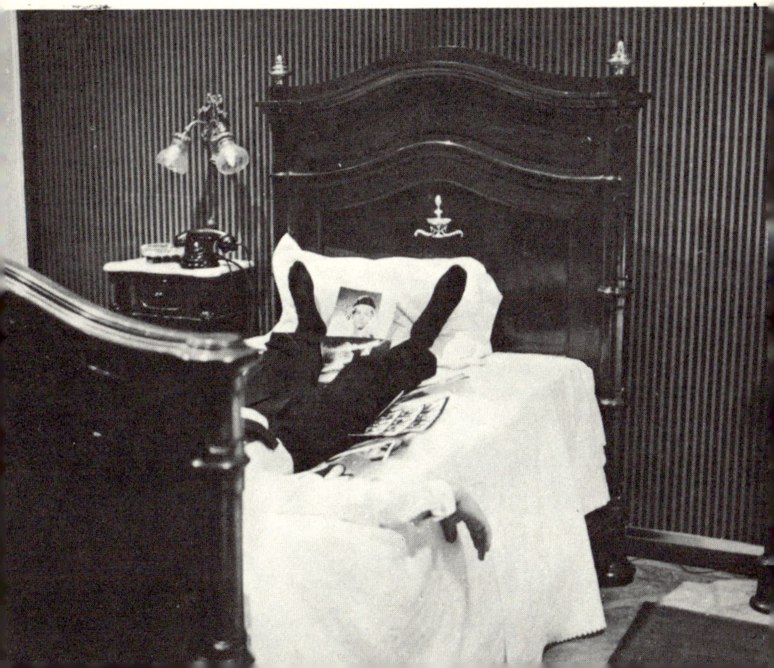

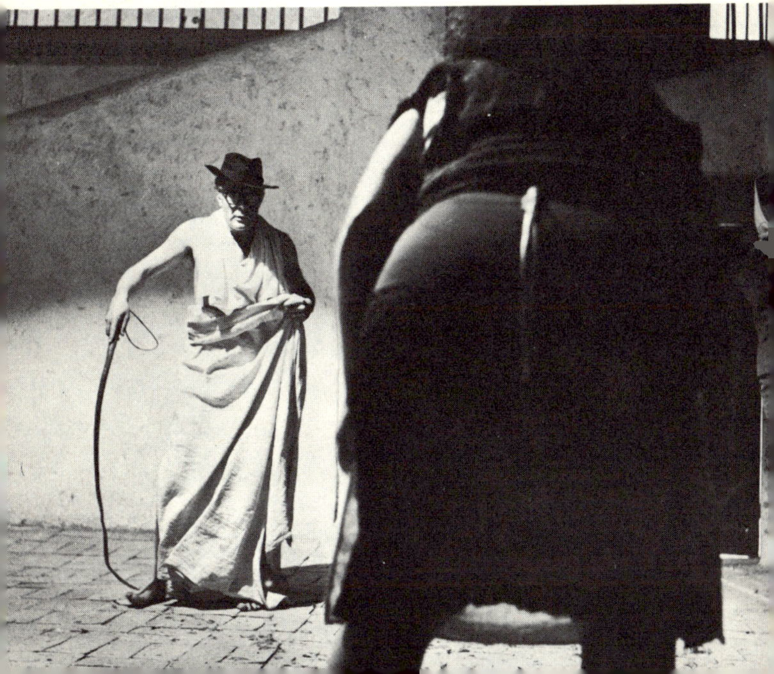

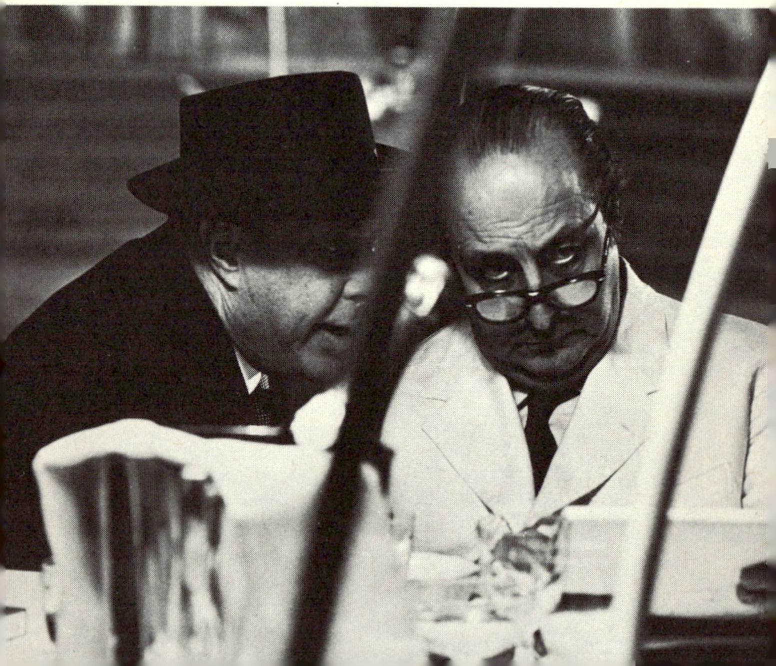

Fellini über ›8 ½‹

Begraben, was wir an Abgestorbenem in uns tragen

Was ist ›8½‹? Ein schwer zu fixierendes Mittelding zwischen einer unzusammenhängenden psychoanalytischen Sitzung und einer etwas planlosen Gewissenserforschung in einer nebelhaften Atmosphäre: es ist ein melancholischer, ein beinahe düsterer und doch entschieden komischer Film.
Jetzt, wo er fertig ist, fällt es mir gar nicht leicht, über ihn zu sprechen, und zwar aus den gleichen Gründen, die mich bisher daran gehindert haben, obwohl ich mir völlig klar darüber bin, daß jede Zurückhaltung von meiner Seite als Reklametrick betrachtet werden wird. Ein ganzes Jahr hindurch befand ich mich in einem Zustand des Tastens, besessen von einer verschwommenen Idee, die mich gerade wegen ihrer Ungenauigkeit faszinierte. Zwanzigmal wenigstens war ich an dem Punkt angelangt, den Arm meines Produzenten zu ergreifen, ihn um Verzeihung zu bitten und einfach alles hinzuwerfen. Dann aber kam dank der Beteiligung der Truppe, der Schauspieler, der an allen möglichen Stellen aufgelesenen Mitarbeiter der Film dennoch Tag für Tag mit einer Leichtigkeit voran, die mir heute geradezu erschreckend erscheint. Ich habe im Frühjahr zu drehen begonnen, und plötzlich, eines Morgens, bemerkte ich, daß im Wohnwagen der Schauspieler die Öfen angezündet wurden. Es war wieder kalt geworden. Der Film war fertiggestellt, ohne daß ich mich wie sonst ermüdet fühlte.
Man hat geschrieben, ›8½‹ sei ein autobiographischer Film. Was ich mache, ist immer autobiographisch, selbst wenn ich das Leben eines Fisches beschriebe! Und dennoch darf ich hier erklären, daß dieser Film eine Schöpfung der Phantasie, daß er unter allen, die ich gemacht habe, derjenige ist, der sich am wenigsten auf kleine persönliche Erlebnisse bezieht. Ich habe zum Teil Dinge verwertet, von denen ich gehört habe, zum größten Teil jedoch rein Erdachtes verwendet. Vermutlich wird es mir als kindische Anmaßung ausgelegt werden, aber ich möchte, daß die Leute diesen Film ohne Voreingenommenheit anschauen: ich habe eine erfundene Geschichte erzählt, und es gibt über das hinaus, was man sieht, nichts zu verstehen. Ich möchte nicht die

Vorstellung erwecken, es handle sich um die geheime Geschichte eines Erotomanen. Das tut es absolut nicht. Was also ist ›8½‹?

Vielleicht ist es einfach der Bericht über einen Film, den ich nicht gedreht habe. Ich erinnere mich jedoch, daß ich anfangs – ich spreche von der Zeit vor ungefähr anderthalb Jahren – das mehrdimensionale Porträt eines etwa Fünfundvierzigjährigen bringen wollte, der zu einem bestimmten Zeitpunkt seines Lebens zu einem zurückgezogenen Dasein gezwungen wird – etwa durch eine Leberattacke, eine Brunnenkur an einem Ort wie zum Beispiel Chianciano, mit einem nach einem ganz neuen und genauen Stundenplan eingeteilten Tageslauf mit Ruhe- und Schweigestunden und umgeben von einer ungewohnten Menge von Patienten, nordischen Regenten, Bäuerinnen, alten Kardinälen und alternden Mätressen – und sich nun einer gelassenen Introspektion unterzieht. Unvermeidlicherweise ziehen an seinem Geiste Einbildungen und Erinnerungen, Träumereien und Ahnungen vorbei. Es gelang mir zu Anfang nicht, den Hauptdarsteller bürgerlich abzustempeln. Er blieb ein bloßer Vertreter der Gattung Mensch, der sich in einer bestimmten Lage befand. Ich meinte damals nicht, ich müsse ihn genauer definieren.

Aber der Film kam nicht recht voran. Wieviel wir auch darüber diskutierten, wir alle, die Drehbuchverfasser Flaiano, Pinelli, Rondi und ich – es blieb immer nichts anderes übrig als die Idee eines Films.

Dann wurde endlich aus der Hauptperson ein Filmemacher, der die Fetzen seines vergangenen Daseins zusammenzusuchen trachtet, um einen Sinn darin zu entdecken und sich nach Möglichkeit zu verstehen. Wir begegnen ihm zu einem gewissen Zeitpunkt am Fuße einer gigantischen Abschußrampe: in seinem Film soll ein Astronaut sich von dieser Rampe abschießen lassen mit der Verpflichtung, die Überlebenden einer von der atomaren Pest zugrunde gerichteten Menschheit auf wer weiß welchen anderen Planeten zu retten. Dort, unter einem Gerüst aus Röhren und Brettern, sagt sich mein Held: »Ich glaube doch eigentlich, klare Ideen zu haben. Ich wollte einen ehrlichen Film machen, ohne allen Schwindel.«

Was ich machen wollte, kam mir ganz einfach vor: einen Film, der jedem einzelnen gestatten sollte, endlich zu begraben, was wir alle an Abgestorbenem in uns tragen. Ich bin indessen selber der erste, der nicht das Herz hat, irgend etwas zu begraben.

<small>Aus der Dokumentation für die Presse, deutsch von Eva Rechel-Mertens</small>

Ich habe immer auf der Straße gearbeitet, in Häusern von Leuten, die ich nicht kannte, fasziniert von zufälligen Anregungen, unvorhersehbaren Umständen und unvorstellbaren Figuren. Ich war allem offen, was der Tag mir schickte, den seltsamsten Kontakten und mysteriösesten Einflüsterungen. Diesen Film aber mußte ich in den Ateliers drehen, weil sein Leben von der Vermeidung jeder Zerstreuung abhing, weil ich mich getreu an die Vorstellungen, die sein Kernstück bilden, halten mußte. Am Anfang war es ein Alptraum für mich.

»*Warum haben Sie den Titel ›Otto e mezzo‹ ($8^1/_2$)* gelassen?«
Weil das der Arbeitstitel war, an den ich mich gewöhnt hatte, und weil mir kein anderer eingefallen ist. Aber ich glaube, daß es der richtigste, der ehrlichste und der am wenigsten rhetorische ist.

»*Warum wollten Sie nie über den Film sprechen?*«
Weil ich, ehrlich gesagt, nicht gewußt hätte, wie ich ihn erzählen soll, ich hätte nichts darüber zu sagen gewußt. Das wäre so gewesen, wie wenn eines Nachts irgendein x-beliebiger angefangen hätte, dir plötzlich in einem Anfall von Melancholie seine inneren Auseinandersetzungen, seine Enttäuschungen, seine ganzen Angelegenheiten zu erzählen. Man hätte ihn fragen können: Warum erzählst du mir das eigentlich alles?

»*Sind Sie mit dem Film zufrieden?*«
Ja, warum nicht? Aber ich kann nicht urteilen, es liegt mir nicht zu urteilen. Einen Film drehen, das ist meine Art zu leben: wenn ich nicht gerade drehe, dann bereite ich einen Film vor. ›$8^1/_2$‹ ist ein befreiender Film. Mein größter Ehrgeiz ist es, daß die Freude, die er mir gibt, sich auch den Zuschauern mitteilt.

»*Ist es denn ein Bekenntnisfilm?*«
An der Oberfläche ist er autobiographisch, aber nur an der Oberfläche. Ich hoffe, daß er alle angeht. Er ist außerordentlich einfach: es gibt nichts zu verstehen oder zu interpretieren. Es ist

---

* ›$8^1/_2$‹ ist Fellinis $8^1/_2$ster Film. Er selbst rechnet seinen Erstling ›Luci del varietà‹, den er mit dem Regisseur Alberto Lattuada gemacht hat, sowie seine beiden Episodenfilme ›Un' agenzia matrimoniale‹ und ›Le tentazioni del dottor Antonio‹ als halbe Filme.

die Geschichte eines Intellektuellen, der dazu neigt, alles auszudörren, das Leben einzufrieren. Die Geschichte eines gebundenen, verstrickten, gefangenen Menschen, der versucht, aus einer Art Stagnation herauszukommen, der sich abmüht zu verstehen, der zum Schluß aber feststellt, daß es gar nicht viel zu verstehen gibt: Für ihn ist es notwendiger, sich dem Leben zu überlassen, als es zu problematisieren.
Es ist die Menschheit, mit den Augen eines Neurotikers gesehen. Aber es scheint mir ein ehrlicher Film zu sein, ehrlich bis zur Schamlosigkeit, vielleicht bis zum Ärgernis. Und letztlich ist es auch noch ein komischer Film.
»*Ein Urteil über die Schauspieler?*«
Ich empfinde für meine Schauspieler das gleiche Gefühl von Zärtlichkeit, von Zuneigung wie der Puppenspieler für seine Marionetten. Die erste Ebene eines Films zeigt eine unerbittliche Röntgenaufnahme dessen, was du innerlich bist. Das Wunder besteht darin, in der Fiktion das Authentische durchscheinen zu lassen. Mastroianni hat die umfassendste und selbstloseste Verfügbarkeit dafür gezeigt: daraus ist eine ganz ungewöhnliche Interpretation entstanden. Sandra Milo war bezaubernd; ich begreife nicht, daß eine so begabte Schauspielerin noch nicht ihre Autoren gefunden hat. Anouk Aimée macht die ruhelose sinnliche Figur aus ›La dolce vita‹ vergessen. Claudia Cardinale war für mich so wichtig wie die Fee mit dem türkisfarbenen Haar für Pinocchio. Für Guido Alberti, der die Rolle eines Produzenten spielt, waren die Dreharbeiten ein äußerst beglückendes Abenteuer, so daß er am Schluß ganz traurig schien, wie ein Hund, den seine Herrchen, auf der Fahrt nach Amerika, allein am Quai zurückgelassen haben.

Auszug aus einem Interview mit Costanzo Costantini, ›Il Messaggero‹, 4. 2. 1963, deutsch von Ragni Maria Gschwend

Ist Guido eine autobiographische Figur?

... Hast du jetzt begriffen, weshalb ich die Story des Films wirklich niemandem erzählen konnte? Hast du begriffen, daß das Geheimnis, mit dem ich ›8½‹ umgab, alles andere als Pose war? Wenn ich sagte, daß der Gegenstand des Films mir selbst unbekannt sei, hielten die Journalisten das für eine meiner üblichen Lügen. Dabei war es zur Abwechslung die reine Wahrheit. So absurd und unglaubwürdig das auch klingen mag, es stimmt tatsächlich.

»Dann hast du den Film also Tag für Tag während der Dreharbeiten entstehen lassen? So ähnlich, wie Rossellini es in der Frühzeit des Neorealismus machte?«

Na, das ist nun auch wieder übertrieben. Zunächst, sagen wir vor etwa zwei Jahren, unmittelbar nach der Fertigstellung von ›La dolce vita‹ schwebten mir nur Fragmente eines neuen Films vor: ein schwacher, unsicherer Mensch, der nicht weiß, wie er mit den Schwierigkeiten fertigwerden soll, in die er geraten ist. Ein Mensch, der in eine Traumwelt flüchtet und sich vorstellt, er lebe mit vielen Frauen zusammen; eine Begegnung mit einem Kardinal; eine Szene mit einer Zukunftsvision nach Art der Science-fiction-Romane; ein optimistisches und beinahe fröhliches Ende, bei dem alles sich klärt. Ich sprach erst mit Flaiano, später mit Pinelli darüber. Auf Anhieb verstanden selbst sie mich nicht richtig. Dann erklärten sie sich bereit, mir eine Reihe kleiner Filmmanuskripte zu schreiben, lauter Einzelepisoden. Als ich die dann beisammen hatte, versuchte ich sie in einen emotionellen Zusammenhang zu bringen, was mir zunächst nicht gelang. Zum Glück mußte ich in diesem Augenblick die Arbeit unterbrechen, um das Stück für ›Boccaccio‹ zu drehen, und diese Unterbrechung tat mir gut.

Weißt du, nach ›La dolce vita‹ befand ich mich in einer heiklen Lage. Meine Feinde standen Gewehr bei Fuß, und meine Freunde erwarteten große Dinge von mir. Ich selbst wollte so wie in ›La dolce vita‹ weiterarbeiten und einen Film machen, der noch ehrlicher sein sollte und auf jedes Kalkül verzichtete. Ich dachte, unabhängig von der eigentlichen Filmstory, an das Porträt eines Mannes mit seiner ganzen Vergangenheit und seiner Zukunft, mit seinen Träumen, Ahnungen, Gewissensbissen und Illusionen.

»Warum hast du dieses Porträt nicht in einem normalen Drehbuch fixiert, wie du es früher immer gemacht hast?«

Was soll ich dir sagen? Für das, was ich zunächst im Sinn hatte, für diese erratischen Blöcke eines Films, störte mich der Gedanke an eine genaue schriftliche Fixierung, und als ich die Einzel-

manuskripte dann zusammengefügt hatte, spürte ich, daß noch zuviel fehlte. Anfang des letzten Jahres habe ich dann begonnen. Du lieber Gott, von Beginn zu sprechen, ist eigentlich übertrieben. Die anderen glaubten, ich hätte begonnen, denn alles sah danach aus. Ich suchte nach der junonischen Dame, reiste dafür durch halb Italien und machte mir auch sonst zu tun. Obgleich schon sämtliche Verträge unterschrieben waren, ließ ich die Dinge drei Monate so laufen, in der Hoffnung, daß meine Ideen sich klären würden. Fünfzigmal war ich schon drauf und dran, den Chef der Organisation, Fracassi unter den Arm zu nehmen und ihm zu sagen: Der Film ist mir entfallen, ich kann nicht mehr. Kurz und gut, die Vorbereitungsphase war qualvoll. Nachher ging alles leichter.
»Und niemand hat Verdacht geschöpft?«
Alle hatten Vertrauen zu mir und dachten, ich wüßte schon, was ich täte, und daß ich selbst den Schauspielern den Handlungsablauf nicht erklärte, sei lediglich ein Werbetrick. Statt dessen ging das alles dann in den Film ein oder stellte, richtiger gesagt, die Verbindung zwischen den Einzelszenen her. Aber du kannst dir vorstellen, wie mir zumute war. Zwei Tage vor Beginn der Dreharbeiten war ich soweit, daß ich am liebsten zum Produzenten Angelo Rizzoli gegangen wäre, um ihm reinen Wein einzuschenken und ihn zu bitten, die organisatorischen Arbeiten abzubrechen. Aber wie soll man einem seriösen Menschen sagen: Ich kann den Film nicht machen, weil er mir entfallen ist, entschuldigen Sie bitte, alles war nur ein Scherz? Selbst er hätte mir nicht geglaubt.
»Wenn du schon keine Richtlinie hattest, stelltest du dir denn wenigstens den Protagonisten bereits so vor, wie er jetzt auf dem fertigen Streifen erscheint?«
Nur in großen Zügen. Denn ich war mir lange nicht im klaren über seinen Beruf, ich wollte diesen Guido Anselmi, den Marcello Mastroianni spielt, möglichst wenig festlegen. Aber der Film verlangt nach einem Personalausweis, der bis in alle Einzelheiten ausgefüllt ist. So dachte ich zunächst daran, aus Anselmi einen Drehbuchautor zu machen, denn das ist der einzige Beruf, den ich genau kenne, weil er mit meinem eigenen verwandt ist. Schlichtweg einen Regisseur zu beschreiben, schien mir nämlich doch zu unverfroren. Ich wußte ja ohnehin, daß alle Leute meinen Protagonisten mit Federico Fellini identifizieren

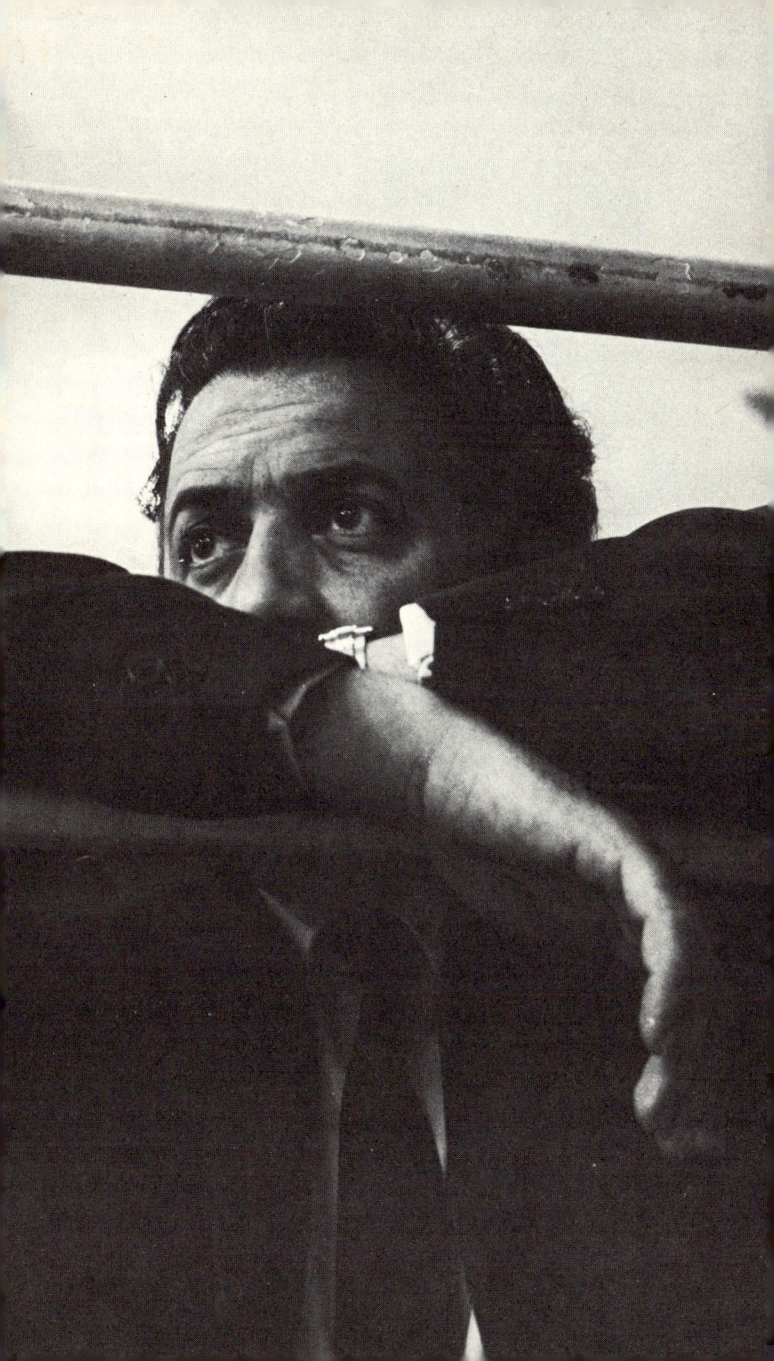

und von Autobiographie und dergleichen reden würden.

»*Jetzt sind wir beim springenden Punkt. Ist Guido eine autobiographische Figur?*«

Bis zu einem gewissen Grad, ja. Wie ich dir schon sagte, stellte ich mir zunächst nur einzelne Episoden vor, zu denen nach und nach weitere hinzukamen, zum Beispiel die Episode mit der Saraghina oder die im Internat in Fano, in dem ich als Junge war. Alle Episoden stammen ursprünglich aus meinem eigenen Leben. Das weißt du ja am besten, weil du sie in deinem kürzlich geschriebenen Buch über mich dargestellt hast.* Aber während der Aufnahmen verwandelten sie sich allmählich, und neue Szenen nahmen Gestalt an. Zum Schluß kam dann ›8 1/2‹ heraus, das heißt die Geschichte eines Regisseurs, der einen Film drehen soll, der ihm entfallen ist, und der dann in zwei Richtungen, die der Phantasie und die der Wirklichkeit, vorgeht.

»*Kannst du mir denn nun endlich sagen, wovon dein neuer Film handelt?*«

Da gibt es kaum etwas zu erzählen, diesen Film muß man sehen. Noch nie ist ein Film so sehr und so ausschließlich darauf angelegt worden, gesehen zu werden. Jedenfalls liegt der Schlüssel für das Ganze im Anfang: Ein Mann ist in einem Auto eingeschlossen und macht verzweifelte Anstrengungen, um sich daraus zu befreien. Er scheint in einer bewegungslosen, erstarrten Welt ausweglos gefangen zu sein. Als die Situation wirklich beängstigend zu werden beginnt, gelingt es ihm, sich zu befreien. Dann entdecken wir, daß diese Symbolgestalt ein Gesicht hat, daß es sich um den Regisseur Guido handelt, dem die Ärzte eine Kur in einem Thermalbad verschrieben haben. Doch dort bedrängen ihn tausend Probleme. Er muß einen neuen Film vorbereiten, und es fällt ihm nichts dazu ein. Der Produzent und die Techniker warten, die Schauspieler müssen engagiert werden, die Kritiker hegen hohe Erwartungen. Zu allem Überfluß erscheint nun noch Carla, seine Freundin (die berühmte dicke Dame). Neuer Ärger entsteht.

Bei einem Unterhaltungsabend im Hotel liest ein Zauberkünstler einen einzigen Gedanken in Guido: ›Asa nisi masa.‹ Dieses Zauberwort erinnert ihn an seine Kindheit und verhilft ihm dazu, sich der wirklichen Welt zu entziehen und in eine magi-

---

* Angelo Solmi: ›Storia di Federico Fellini‹, Milano 1962

sche Welt einzutauchen. Doch dann gewinnt die Realität wieder die Oberhand: Guido muß sich mit seinem Innenleben befassen und entdeckt ein Chaos von Zweifeln in sich. Er befürchtet, nichts als ›ein einfalls- und talentloser Aufschneider zu sein, der nicht fähig ist, den Film zu realisieren‹. Von der Begegnung mit dem Kardinal, der ebenfalls als Kurgast in das Bad gekommen ist, erwartet Guido sich eine Klärung, doch zugleich versetzt sie ihn auch in seine Kindheit zurück, in das von Geistlichen geleitete Internat, in dem er nicht nur die Schule absolvierte, sondern auch seine erste Erfahrung mit einer Frau, der ›Saraghina‹, machte. Er wurde entdeckt und bestraft, und noch klingen ihm die Worte eines Priesters in den Ohren: »Weißt du denn nicht, daß die Saraghina der Teufel ist?«

Entgegen Guidos Erwartungen ist die Begegnung mit dem Kardinal nicht von entscheidender Bedeutung für ihn, und als Luisa, seine Frau, eintrifft, löst ihre Ankunft eine neue Krise aus. Guido begreift, daß er alles falsch gemacht hat und nicht den Film drehen kann, den er sich vorgenommen hatte (»Ich wollte einen einfachen, ehrlichen Film machen, und jetzt herrscht in meinem Kopf die größte Verwirrung...«). Außerdem muß er nun noch das Problem der gleichzeitigen Anwesenheit der beiden Frauen lösen. Noch einmal flüchtet er in die Phantasie: nicht nur Luisa und Carla, sondern alle Frauen, die er je bewundert oder begehrt hat, sind zusammen in einem großen Landhaus, und alle sind glücklich, vertragen sich und verwöhnen ihn. Die Klänge des Walkürenritts zerstören den Haremszauber, eine Frauenrevolte bricht aus, die nur mit der Peitsche niederzuschlagen ist, und der Traum vergeht. Nun muß Guido am Fuß der Abschußrampe für ein Raumschiff, die eigens für seinen Film aufgebaut wurde, eine Pressekonferenz abhalten. Der Produzent verlangt, daß Guido spricht und Erklärungen abgibt, aber er bringt kein Wort heraus und ist versucht, mit Schimpf und Schande alles aufzugeben und zu gestehen, daß der Film nicht gedreht wird. Der Selbstmord erscheint ihm als einziger Ausweg. Während die geladenen Gäste dann die unheimliche Abschußrampe besichtigen, kommt es zu einem kurzen aufrichtigen Gespräch zwischen Guido und Luisa. »Das Leben ist ein Fest, laß es uns gemeinsam erleben. Nimm mich an, wie ich bin.« »Ich will es versuchen, wenn du mir dabei hilfst.«

Inzwischen sind die Leute von der Abschußrampe zurückgekommen, fassen sich bei der Hand und tanzen auf einer Art Bühne einen fröhlichen Ringelreihen. Guido tritt zusammen mit Luisa in ihren Kreis. Allmählich verlöschen die Lichter, mitten auf der Wiese bleibt nur Guido als Kind zurück, ein letztes Bild der verlorenen und vielleicht wiedergefundenen Reinheit.

»*Und willst du immer noch behaupten, daß dieser Regisseur – Guido – nicht Fellini ist? ›8 1/2‹ ist in der Hauptsache eine Erklärung dafür, warum dieser Film gemacht wurde. Dieser Film kommentiert sich selbst Schritt für Schritt, er nimmt in seinem Verlauf eventuelle Einwände der Kritik oder des Publikums schon vorweg. Wenn du mir nicht die wahre Entstehungsgeschichte von ›8 1/2‹ erzählt hättest, könnte man das für einen listigen Einfall halten. Der einzige Augenblick, in dem der fingierte Film sich vom wahren Film unterscheidet, ist die Schlußszene.*«

Diese Schlußszene soll dem Protagonisten wieder Hoffnung machen, daß er zu seiner Aussöhnung mit sich selbst und mit seiner Frau kommt. Ich habe zwei verschiedene Schlußszenen gedreht, aber dann habe ich mich für die am Fuß der Rakete für einen Film, den Guido nicht realisieren kann, entschieden (anfangs sollte das Raumschiff allerdings einen anderen Zweck erfüllen). Die andere Schlußszene zeigte Guido mit seiner Frau im Zug, und sie sprachen miteinander über Trennung. Dann fuhr der Zug in einen Tunnel, Guido überkam eine Art Unwohlsein, und der Zug bevölkerte sich mit Gestalten aus seinem Leben. Da begriff Guido die Notwendigkeit, mit Luisa noch einmal von vorn anzufangen.

»*Wir sollten noch ein bißchen über die autobiographischen Aspekte von ›8 1/2‹ sprechen.*«

Um Himmels willen, darüber wird man nach Anlaufen des Films schon mehr als genug sprechen... Aber wer den Film nur mit der Absicht ansieht, etwas aus meinem Leben zu erfahren, dem fehlt es an Phantasie. Ich bin mir jedoch klar darüber, daß ›8 1/2‹ ein so schamloses und unverschämtes Bekenntnis darstellt, daß der Gedanke, man könnte über seinen persönlichen Aspekt hinweggehen, eine Illusion wäre. Aber, wie du weißt, geht es mir vor allem darum, einen Film zu machen, der zunächst mir selbst, dann aber auch dem Publikum gefällt. Bei ›8 1/2‹ ist die Grenze zwischen dem, was ich für mich, und dem, was ich für das Publikum gemacht habe, kaum zu erkennen.

»Befürchtest du, daß der Film für das Publikum schwer verständlich sein wird?«
Nein, ganz im Gegenteil. Denn in ›8 1/2‹ gibt es doch so viele unterhaltende Episoden, ja, unter einem bestimmten Aspekt handelt es sich bei ihm um einen komischen Film, vielleicht den humorvollsten, den ich je gemacht habe. Meiner Ansicht nach stellt er ›La dolce vita‹ gegenüber auch einen Schritt vorwärts dar. Denn er enthält andeutungsweise eine Fröhlichkeit und Lebensfreude, die es in ›La dolce vita‹ nicht gab. Ich verhehle mir aber nicht, daß er vielen Leuten nicht gefallen wird, zum Beispiel den Kommunisten, die ihn oberflächlich, dekadent und individualistisch finden werden. Wahrscheinlich wird er auch den Frauen, zumindest einem Teil von ihnen, nicht gefallen. In diesem Fall blieben als Publikum nur die Kinder übrig, für die der Film aber verboten ist...
»Welche Bedeutung gibst du ›8 1/2‹ oder, besser, in welchem Sinn sollte der Film nach deiner Absicht verstanden werden?«
Sieh mal, wenn ich den Film auf einen einfachen Nenner zu bringen versuche, dann handelt es sich in ihm um das Drama eines Mannes, der – wie soll ich es ausdrücken? – dem Ersticken nahe ist und zu platzen droht. Den Weg, den er bisher gegangen ist, hat er eingeschlagen, weil er keinen anderen einschlagen konnte. Dabei hat er sich festgefahren und versucht nun, so lange durch Lügen und Erinnerungen (die Jugendphantasien oder den ›Harem‹) einen Ausweg zu finden, bis er glaubt, der Selbstmord sei die einzige Lösung. Aber das wäre kein Ausweg, denn alles würde mit den gleichen Problemen wieder von vorn anfangen. Deshalb ist mir auch die Schlußszene so wichtig, in der ein Ausweg sich andeutet. Was mich am meisten freuen würde, wäre, wenn ›8 1/2‹ etwas zur Behebung neurotischer Komplexe beitragen und den Leuten das Handwerk legen würde, die immer die anderen ändern wollen. Meiner Meinung nach muß man die Menschen so akzeptieren, wie sie nun einmal sind, und muß sie so verstehen. Wenn der Film diese befreiende Wirkung hätte, würde ich ihn als gelungen betrachten. Ja, im Grunde möchte ich behaupten, daß ›8 1/2‹ ein Film ist, der befreien will.
»Kurz und gut, in dem Film gibt es keine negativen Figuren. Wenn man sich nur ein bißchen Mühe gibt, kann man alle Menschen verstehen und lieben. Das ist ja von jeher deine Einstellung gewesen.«

Ja, das stimmt. Jeder Mensch besitzt seine eigene Wahrheit. Im Film gibt es zum Beispiel einen Kritiker, der Guidos Bemühungen ständig scharf und unfreundlich kommentiert (und schließlich stellt der Regisseur sich in seiner Phantasie vor, daß der Kritiker gehängt worden ist). Hier wird es mehr denn je heißen, ich sei zu weit gegangen. Denn tatsächlich spricht diese Figur bereits die Kritik an ›8 1/2‹ aus, und diese Kritik findet auch ihre Antwort. Aber dieser Kritiker – ein Intellektueller, ein Schriftsteller von symbolischer Bedeutung – hat nicht unrecht. Im Grund haben in diesem Film alle recht: Guido mit seinen Fehlern, Guidos Frau, die Geistlichen im Internat, die behaupten, Saraghina sei der Teufel (und in gewisser Hinsicht ist sie das ja auch), und schließlich Saraghina selbst.

»*Der Film spielt in einem Kurort: handelt es sich um Chianciano?*«

Man kann sich darunter Chianciano oder Montecatini oder auch Ischia vorstellen. Es handelt sich ohnehin nur um Atelierbauten, ja, ›8 1/2‹ ist der erste Film, den ich ganz im Atelier gedreht habe. Es hätte weniger gekostet, wenn ich nach Chianciano gegangen wäre, um die Aufnahmen dort zu machen, aber ich hatte Angst, dabei dem Realismus in die Falle zu gehen. Dieser Film bedurfte zwar der Präzision, aber der Präzision von Träumen. Außerdem wollte ich, daß die zehn Einstellungen, die mir von Anfang an vorschwebten, in der kalten Wirklichkeit nicht ihre Schlüsselposition für den Film einbüßten.

»*Warum hast du dir als Schauplatz ausgerechnet einen Kurort ausgesucht?*«

Den Grund dafür erfährt man am Anfang des Films. Vor einiger Zeit mußte ich wie der Regisseur Guido eine Kur in Chianciano machen. Dort fiel mir ein, wie man dieses Tal des Josaphat mit seinem Menschengewimmel von weißen Larven und der Zeit, deren Rhythmus durch die ärztlich verordneten Stundenpläne bestimmt ist, in einem Film darstellen könnte. Als Limbus, in dem alle sich wiederfinden und in dem man die Bilder und Gesichter der Vergangenheit ansiedeln kann.

Auszug aus einem Interview mit Angelo Solmi, ›Oggi Illustrato‹, 9. 2. 1963, deutsch von Arianna Giachi

Einflüsse von Joyce oder Proust?

»Warum nehmen Sie gegenüber der Kritik eine zugleich verachtungs- und respektvolle Haltung ein? Ist die Haltung der absoluten Verachtung, wie sie Bergman einnimmt, nicht mehr üblich und annehmbar?«
Ich arbeite unter Umständen mit solcher Hingabe, daß ich überhaupt nicht an die Kritik denke. Die Kritik ist dem Entstehen meines Werkes fremd. Wenn der Film abgeschlossen ist, freue ich mich als Mensch mit seinen Schwächen über günstige Kritiken; hingegen weckt die verwerfende Kritik meinen Instinkt der Selbstverteidigung. Jedoch muß ich zugeben, daß die Kritik mir immer geholfen hat. Im Fall von ›Otto e mezzo‹ habe ich bei den Kritikern eine Solidarität gespürt, die über ihren Beruf, über die ästhetische Gegebenheit hinausging.
»Was halten Sie von den Vergleichen zwischen ›Otto e mezzo‹ und ›Letztes Jahr in Marienbad‹?«
Ich habe den Film von Resnais nicht gesehen. Ich habe nur eine Photographie gesehen, und mir schien, ›Marienbad‹ sei auf der Ebene der rein intellektuellen Abstraktion. In dieser Hinsicht ist ›Otto e mezzo‹ das Anti-Marienbad. Es ist für mich peinlich, es so zu sagen, aber es ist wahr. Wenn ein Mensch für das Leben offen ist, so ist er für die Gegebenheiten der Kultur offen; gewisse Probleme liegen in der Luft, werden intuitiv aufgenommen, eingefangen.
»Haben Sie ›Ulysses‹ von Joyce gelesen? Haben Sie das Buch gelesen und überdacht, wie Moravia sagt? Erinnert Guido Anselmi an Leopold Bloom?«
Ich bedaure, Moravia enttäuschen zu müssen, aber ich habe ›Ulysses‹ nicht gelesen.
»Finden Sie den Hinweis auf Kierkegaard, auf Marino Moretti und auf Gozzano relevant?«
Einesteils machen mir solche Zitate Freude, denn sie bringen mich in die Gesellschaft von höchst achtbaren Persönlichkeiten, aber anderseits betrüben sie mich, denn um meine Filme zu verstehen, sind literarische Assoziationen unnötig. Die Kritiker, die nichts zitiert haben, sind ›Otto e mezzo‹ nähergekommen als die andern. Allerdings kann ich nicht kompetent über diese

Zitate urteilen, denn ich kenne die zitierten Autoren nicht. Kierkegaard und Moretti kenne ich dem Namen nach, von Gozzano mag ich in der Schule einige Gedichte gelesen haben. Damit will ich nicht meine Unwissenheit verteidigen. Es gibt viele Bücher, die ich mir vornehme zu lesen, aber ich finde nie die Zeit dafür; auch bin ich immer neugieriger auf das Leben selber. Das Museum, die Pinakothek sind nicht für die Künstler da. Gewiß, wenn du ein Buch liest, spürst du eine große Seele, erlebst du eine heilsame Begegnung, aber was ich lese, ist zufällig, hängt vom Anlaß ab. Ich bin nicht informiert. Mir ist die Gefahr dieser Sinnesgebundenheit bewußt, aber anderseits gelten die Dinge im Augenblick, in dem sie wahrgenommen und erlebt werden, das heißt, im Augenblick, in dem man sie erfindet, auch wenn sie Jahrhunderte alt sind. Ich muß hinzufügen, daß die Kritiker zu ursprünglichen Werken Etiketten benötigen, auch aus einer Art Mißtrauen gegenüber der Mystifizierung.
»*Haben Sie Proust gelesen?*«
Nein.
»*Haben Sie ›Die wilden Erdbeeren‹ gesehen? Manche Kritiker haben Analogien zwischen Bergmans Film und ›Otto e mezzo‹ wahrgenommen.*«
›Wilde Erdbeeren‹ ist der einzige Film von Bergman, den ich gesehen habe. Mir hat dieser Film genügt, um zu verstehen, welch großer Künstler, welch großer Bruder Bergman ist. Doch hatte ich ›Otto e mezzo‹ seit acht Jahren im Kopf. Jedenfalls ist es ein Vergleich, der mir schmeichelt. Bergman ist ein echter Showman, der alles benützt, auch die Tricks, esoterische Tricks, die eine beunruhigende problematische Wirklichkeit scherzhaft und spielerisch präsentieren. Er ist nicht ein Mann, der auf der Ebene des guten Geschmacks, des Arrangierens bleibt. Bergman hat mir gegenüber die gleiche Sympathie, die ich für ihn empfinde. Er spürt das Vollblut und den Geruch des Zirkussandes.
Wie viele Filme und welche haben Sie in den vergangenen fünf Jahren gesehen? Wie viele und welche Bücher in dieser Zeit gelesen?«
Ich habe ›Wilde Erdbeeren‹ von Bergman gesehen. ›Die sieben Samurai‹ von Kurosawa; Bergman und Kurosawa sind echte Schöpfer, Magier, nicht im Sinne der Mystifizierung: sie haben eine wirkliche, reiche, phantastische Welt, die sie mit Vehemenz

und allen Tricks vorweisen. Dann habe ich ›Ein König in New York‹ von Chaplin gesehen, ›Accatone‹ von Pasolini, ›Una vita violenta‹ von Rondi. ›El Cochecito‹ von Ferreri und die ›Odissea nuda‹ von Rossi. Ich habe ›La noia‹ von Moravia gelesen. ›Eine Zeit zum Töten‹ von Ennio Flaiano, die Bücher von Pasolini, von Tommaso Landolfi, Gadda und Palazzeschi. Moravia ist von einer verblüffenden Luzidität, aber ihm fehlt die Gabe, sich dem Irrationalen zu überlassen: ich glaube, die Stetigkeit, mit der er die Vernunft verteidigt, wird ihn zu einer Form von Mystik führen. Flaiano hat ein großes Talent, einen großen Reichtum, und es ist schade, daß er nicht mehr schreibt. Die Schriftsteller aber, die ich am meisten liebe, sind Landolfi und Gadda. Ich bin ein leidenschaftlicher Leser von Büchern über Magie, von Prozeßakten und Zeitungschroniken.

»*Sie haben geschrieben, man müsse sich vom Katholizismus befreien. Was wären Sie aber ohne die Konflikte, die Ängste, die Komplexe, die Bangnis, die der Katholizismus Ihnen schafft? Sie wären ein fortschrittlicher Intellektueller, ähnlich jenem, den Sie in ›Otto e mezzo‹ aufhängen.*«

Das ist wahr. Doch erkennt der Protagonist am Ende von ›Otto e mezzo‹, daß die Komplexe und Ängste auch sein Reichtum sind.

»*Finden Sie Ihr Zitat von Augustinus nicht zu billig: ›Liebe und tu, was du willst‹? Man kann diesen Satz so ausdeuten, daß er jede individuelle Unordnung rechtfertigt.*«

Nein, ich verstehe die Gefahren und Zweideutigkeiten, zu denen ein solcher Satz Anlaß geben kann, aber Augustinus sagt, daß man zuerst lieben soll, und dann tun, was man will: die Liebe ist das schwerste auf der Welt, sie ist unerreichbar. Ich verstand da die Liebe im christlichen Sinn, die Liebe, die dich integriert, die dich in eine Lebensdimension von großer Anziehung stellt, das aber ist der höchste, der unerreichbarste Gipfel.

Auszug aus einem Interview mit Costanzo Costantini, ›Il Messaggero‹, 19. 2. 1963, deutsch von François Bondy

Sowjetischer Preis für ›8 ½‹

»*Wenn man Fellini trifft, fragt man ihn noch immer, wie es bei seiner Auszeichnung während des Festivals, das alle zwei Jahre in der sowjetischen Hauptstadt stattfindet, tatsächlich zugegangen ist. Er läßt diese Tage und diese Begegnungen noch einmal an sich vorüberziehen, die er nun aus größerem zeitlichem Abstand gelassener beurteilt. Im Grund waren es erfreuliche Tage, denn sie brachten selbst für einen Regisseur, der schon in der ganzen Welt Überraschungen und Erfolge erlebt hat und vor kurzem aus New York zurückgekehrt ist, viel Neues.*«

Es ist selbstverständlich, daß der Film der sowjetischen Führungsschicht mißfallen mußte. Denn er stellt den größtmöglichen Gegensatz zu ihrer Ideologie dar. Sein Angelpunkt ist eine individuelle Krise, und das kann Leuten nicht zusagen, für die das Individuum nicht zählt und im Kollektiv aufgehen soll. Weniger selbstverständlich aber war es, daß eben dieser Film einem Publikum junger (und nicht nur junger) Menschen gefiel, die in der stalinistischen Ära aufgewachsen sind und von ihr geprägt wurden. Man sollte annehmen, daß sie für gewisse Probleme kein Verständnis aufbrächten, weil diese Probleme nur einem in Freiheit gebildeten Bewußtsein zugänglich sind. Statt dessen folgte dieses Publikum dem Film mit einer Hingabe, die man – ohne es an Ehrfurcht fehlen zu lassen – als religiös bezeichnen könnte. Sein Applaus für die wichtigsten Sequenzen setzte immer an den richtigen Stellen ein. Die geradezu rührende Begeisterung, der es am Schluß Ausdruck gab, stand in deutlichem Gegensatz zu der übrigens wenig überzeugenden eisigen Ablehnung von seiten der offiziellen Stellen. Regisseure, Dichter und Intellektuelle suchten mich auf, um mich zu beglückwünschen, und ihre Komplimente waren nicht konventioneller Natur, sondern von spürbarer Aufrichtigkeit. Von derselben Aufrichtigkeit wie die Gratulationen der Juroren aus den kommunistischen Ländern, angefangen mit der des Tschechoslowaken, der mir buchstäblich um den Hals gefallen ist.

»*Aber es war doch gerade das Jurymitglied aus der Tschechoslowakei, das gegen deinen Film gestimmt hat und damit die Opposition der übrigen Vertreter von Volksrepubliken veranlaßt hat.*«

Ganz recht. Und als ein italienischer Juror und ich den Tschechoslowaken am nächsten Tag höflich nach dem Grund für seinen Meinungswechsel fragten, zeigte er uns in aller Harmlosigkeit und mit einer geradezu entwaffnenden Naivität ein Schreiben seiner Regierung mit der Anweisung an ihn, gegen ›8 ½‹ zu stimmen. Auch die anderen haben offensichtlich Anweisungen dieses Inhalts erhalten.

Dann erzählt uns Fellini von der Verlegenheit, in der sich Grigori Tschuchrai (der bekannte russische Regisseur und Jury-Vorsitzende) und die anderen befanden. Privat lobten sie den Film, aber in der Öffentlichkeit behaupteten sie, er widerspräche den Grundprinzipien einer neuen Gesellschaft und sei deshalb abzulehnen. In einem bestimmten Augenblick schlug man Fellini eine äußerst widersprüchliche Begründung für seine Auszeichnung vor, in der es heißen sollte, der Film erhalte für die hervorragende Regieleistung einen Preis, sei aber wegen seines Inhalts und dessen voraussichtlich negativer Auswirkung auf die Massen zu verurteilen. Fellini beantwortete diesen Vorschlag etwa folgendermaßen:

Ich habe mein Leben lang gern Anekdoten gesammelt und könnte mir deshalb einen Sport daraus machen, das zu akzeptieren, oder es aus Spaß an ausgefallenen Begebenheiten tun. Aber ihr begeht damit eine regelrechte Eulenspiegelei.

Schließlich obsiegte, nicht zuletzt aufgrund der festen Haltung der westlichen Delegierten, die Gerechtigkeit, und der Film wurde ausgezeichnet. Aber nach der Preisverleihung, während der Fellini auf seine faszinierende und scheinbar distanzierte Art zum Publikum sprach und damit Begeisterung auslöste, kam es zu kritischen Äußerungen darüber. Ungefähr eine Woche lang verurteilten die hohen Funktionäre der sowjetischen Intelligenzija und die Kritiker der größten Zeitungen die Entscheidung der Jury und damit auch den Film. Sie behaupteten, die sowjetischen Juroren seien zu einem Kompromiß gezwungen worden, ›8 ½‹ werde deshalb in den öffentlichen Kinos der Sowjetunion auf keinen Fall gezeigt werden.

Diese Entscheidung hat mich nicht überrascht und schon gar nicht empört, ich finde sie für ein Land wie die Sowjetunion selbstverständlich. Die Menschen dort sind einfach, freundlich und großzügig. Ihre spontane Reaktion auf ›8 ½‹ zeigt, daß selbst eine streng stalinistische Erziehung die Fähigkeit, individuell zu empfinden, etwas unbefangen aufzunehmen und zu beurteilen, nicht zu unterdrücken vermag. Wie hätten diese Menschen das Drama meines Protagonisten Guido sonst verstehen können?

Es herrscht dort eine bedrückende Atmosphäre, in der man fühlt, daß das Individuum nichts gilt und verplant wird. Und es kam der Augenblick, in dem auch wir aus dem Westen gewisse individuelle Initiativen als vergeblich empfanden und uns von der grauen Welt vorgezeichneten Verhaltens und Tuns überwältigen ließen. Und doch begegnet man beim russischen Volk, trotz dem offiziellen Atheismus, einer Religiosität, die sich durch zahlreiche und keineswegs geheime Zeichen kundgibt. Auf diese Religiosität und auf die Tatsache, daß sich gewisse menschliche Gefühle nicht unterdrücken lassen, muß man seine Hoffnung setzen. Die Hoffnung, die jedem Menschen innewohnt.

Auszug aus einem Interview mit Mario Guidotti, ›Orizzonti‹, 18. 8. 1963, deutsch von Arianna Giachi

Ein Ausweg aus dem Chaos

Ich beobachte mich nicht dauernd in einem Spiegel. ›8 1/2‹ drückt mein wirkliches Sein, meine Interessen, meine Befürchtungen aus, aber ich glaube nicht, daß dieser Film die Geschichte Fellinis ist. Ich bin überzeugt – und Zeugnisse aus vielen Begegnungen, zahlreiche Briefe, gewisse Reaktionen des Publikums bestärken mich in dieser Meinung –, daß meine Sorge, der Film könne zu sehr in ein privates Geschwätz ausarten, unbegründet war. Ich glaube, bald nach Beginn des Films vergißt man, daß es sich um einen Filmregisseur, also eine beruflich genau festgelegte Persönlichkeit handelt, und ein gewisser Identifikationsprozeß setzt ein. Es kommt mir, wenn ich es recht überlege, nicht so vor, als könne der Film sich auf die Erlebnisse und melancholischen Erfahrungen eines Filmregisseurs, dem nichts Rechtes einfallen will, beschränken. Auf diesen Film hin habe ich zahllose Briefe von Unbekannten bekommen, die auf eine heilsame Art im Innersten ergriffen waren und die mir, einem Unbekannten, schrieben, um mir zu sagen, wie sehr ihnen dieser Film bei der Bereinigung ihrer Probleme geholfen habe. Manchmal empfinde ich sogar Scham beim Lesen dieser Briefe, die so vertrauensvoll so viel Intimes enthüllen. Aber ich muß doch sagen, daß solche Briefe mich gegen eine gewisse Art von Kritik zu wappnen imstande sind, eine Kritik, die auf sogar sehr liebevolle Art mir nahelegt, ich solle doch meinen künstlerischen und menschlichen Elan gegeneinander abwägen wie auf einer Apothekerwaage; ich will aber kein Apotheker sein.

Ganz gewiß habe ich mich wegen der Gefahren einer solchen Geschichte, einer so freimütigen Beichte gesorgt, die schließlich ärgerlich hätte werden können. Ich habe versucht, mich und die anderen zu überzeugen, daß es sich dabei um einen komischen Film handelt. Ich habe sogar ›Film Comico‹ auf einen Klebestreifen geschrieben und ihn an meiner Kamera befestigt. Ich habe diese Haltung des Lächelns, der Ironie, des Possenhaften gewählt, weil sie meiner Natur gemäßer ist, und nicht, weil ich mir moralische Vorbehalte zugebilligt hätte. Im übrigen hat diese Haltung mir größere Aufrichtigkeit gestattet, weil ich auf diese Weise nicht von den Emanzipationen der Leidenschaft umnebelt war.

In aller Aufrichtigkeit kann ich sagen, daß der Film mir sehr gutgetan hat. Ich weiß, daß ich jetzt was auch immer machen könnte, weil ich eine neue Art zu sehen und eine neue Art zu lieben erworben habe; ich könnte sogar meine ganze Laufbahn von vorn beginnen, alle meine Filme noch einmal drehen; offenbar würde ich sie jetzt ganz anders machen, weil es mir tatsächlich so vorkommt, als sei das, was Guido geschehen ist, mir selber widerfahren. Was für die von mir geschaffene Filmgestalt gilt, gilt ebenso für mich: Nach diesem Film bin ich imstande, meine Beziehungen zu den anderen, zu den Dingen, zu meinen Erinnerungen und allen meinen Erlebnissen auf eine andere, weniger traumatische, nicht durch den von jedem dieser Dinge und jeder dieser Personen vertretenen Mythos bedingte Art von neuem herzustellen. Ich habe jetzt die Möglichkeit eines Hinnehmens der Wirklichkeit in einem neuen, nicht mehr passiven Sinn, des Hinnehmens eines Menschen, der nicht mehr von gewissen Monstren terrorisiert wird, sondern sich darüber klar geworden ist, daß sie ihn bereichert, daß sie ihn dazu gebracht haben, das zu werden, was er tatsächlich ist, das heißt ein

Mensch, der sie nicht verleugnet, nicht ablehnt, sondern sie von nun an als einen integrierenden Bestandteil seines Lebens betrachtet.

Am Ende von ›8½‹ lächelt Marcello genauso wie Cabiria: In Wirklichkeit haben sie, um zu diesem Resultat zu gelangen, einen verschiedenartigen Prozeß, eine verschiedenartige Entwicklung durchgemacht. Cabirias Optimismus war physiologischer Art: Der eines Tierchens, das so vertrauensvoll ist wie ein Kind. Obwohl als Ahnung ausgedrückt, gelingt die innere Befreiung Marcellos erst nach einer eingehenden Prüfung der Dinge. Cabiria, die Arme, versteht nichts von dem, was ihr widerfährt; Marcello hingegen nimmt ganz für sich allein eine Autopsie an sich selber vor.
Dieser Schluß bedeutet für Marcello die klarblickende, genaue und bewußte Hinnahme seiner selbst und der von der katastrophalen Gegenwart unerreichbarer Ideale befreiten Wirklichkeit. Es handelt sich um ein aktives Hinnehmen, mit einem ganz genau festgelegten Sinn für Verantwortlichkeit, und nicht um passive Resignation. Man hat mir zum Vorwurf gemacht, daß ich den Film nicht an dem Punkt beendet habe, wo Guido darauf verzichtet, seinen Film zu schaffen. Im Grunde aber interessiert es mich erst, das Chaos zu beschreiben, wenn ich aus diesem Chaos einen Ausweg erkennen kann; sonst hätte ich den Eindruck, unredlich vorzugehen. Vielleicht liegen hier meine Grenzen, aber auf alle Fälle ist es, glaube ich, ein Beweis von Lebensfähigkeit. Dieser Schluß ist die überzeugendste Darlegung der Tatsache, daß in uns die Möglichkeit eines plötzlichen Umschwungs besteht.

Diese Bemerkungen sind einem Kolloquium über ›8½‹ entnommen, dessen Aufzeichnung im April 1963 in ›Bianco e Nero‹ erschienen ist. Deutsch von Eva Rechel-Mertens

Dramen und Drehbücher im Diogenes Verlag

● William Shakespeare
Dramatische Werke in 10 Bänden
In der Übersetzung von Schlegel/Tieck.
Als Vorlage diente die Edition von Hans Matter. Jeder Band mit einer editorischen Notiz des Herausgebers und Illustrationen von Heinrich Füßli aus der Ausgabe von 1805.
Romeo und Julia / Hamlet / Othello
detebe 200/1
König Lear / Macbeth / Timon von Athen
detebe 200/2
Julius Cäsar / Antonius und Cleopatra Coriolanus. detebe 200/3
Verlorene Liebesmüh / Die Komödie der Irrungen / Die beiden Veroneser / Der Widerspenstigen Zähmung. detebe 200/4
Ein Sommernachtstraum / Der Kaufmann von Venedig / Viel Lärm um nichts / Wie es euch gefällt / Die lustigen Weiber von Windsor. detebe 200/5
Ende gut, alles gut / Was ihr wollt / Troilus und Cressida / Maß für Maß. detebe 200/6
Cymbeline / Das Wintermärchen
Der Sturm. detebe 200/7
Heinrich der Sechste / Richard der Dritte
detebe 200/8
Richard der Zweite / König Johann
Heinrich der Vierte. detebe 200/9
Heinrich der Fünfte / Heinrich der Achte
Titus Andronicus. detebe 200/10

● Molière
Komödien in 7 Bänden
in der Neuübersetzung von Hans Weigel.
Komödien I
Der Wirrkopf / Die lächerlichen Schwärmerinnen / Sganarell. detebe 95/1
Komödien II
Die Schule der Frauen / Kritik der ›Schule der Frauen‹ / Die Schule der Ehemänner
detebe 95/2
Komödien III
Tartuffe oder Der Betrüger / Der Betrogene oder George Dandin / Vorspiel in Versailles
detebe 95/3
Komödien IV
Don Juan / Die Lästigen / Der Arzt wider Willen. detebe 95/4
Komödien V
Der Menschenfeind / Die erzwungene Heirat

Die gelehrten Frauen. detebe 95/5
Komödien VI
Der Geizige / Der Bürger als Edelmann
Der Herr aus der Provinz. detebe 95/6
Komödien VII
Der Hypochonder / Die Gaunereien des Scappino. Mit einer Chronologie und einem Nachwort des Herausgebers
detebe 95/7

Als Ergänzungsband:
Über Molière
Zeugnisse von Voltaire bis Bert Brecht.
Über Molière auf der Bühne und Molière in deutscher Übersetzung. Chronik und Bibliographie. Herausgegeben von Christian Strich, Rémy Charbon und Gerd Haffmans.
detebe 37

● Anton Čechov
Dramatische Werke in 8 Bänden
in der Neuübersetzung und -edition von Peter Urban: jeder Band bringt den unzensurierten, integralen, neu transkribierten Text und einen Anhang mit allen Lesarten, Textvarianten, Auszügen aus Čechovs Notizbüchern, Anmerkungen und einen editorischen Bericht.
Die Möwe. Komödie in vier Akten.
detebe 50/1
Der Waldschrat. Komödie in vier Akten.
detebe 50/2
Der Kirschgarten. Komödie in vier Akten.
detebe 50/3
Onkel Vanja. Szenen aus dem Landleben in vier Akten. detebe 50/4
Ivanov. Drama in vier Akten. detebe 50/5
Drei Schwestern. Komödie in vier Akten.
detebe 50/6
Platonov. Das ›Stück ohne Titel‹ in vier Akten und fünf Bildern. Erstmals vollständig deutsch. detebe 50/7
Sämtliche Einakter. detebe 50/8
Die detebe-Nummern 50/9-10 sind den frühen *Humoresken* vorbehalten.

● Sean O'Casey
Purpurstaub. Eine abwegige Komödie. Aus dem Englischen von Helmut Baierl und Georg Simmgen. detebe 2/1

Dubliner Trilogie. Der Schatten eines Rebellen / Juno und der Pfau / Der Pflug und die Sterne. Aus dem Englischen von Maik Hamburger, Adolf Dresen, Volker Canaris und Dieter Hildebrandt. detebe 2/2

In Vorbereitung:
Das Sean O'Casey Lesebuch
Eine Auswahl aus den Stücken, der Autobiographie und den Essays von Sean O'Casey. Herausgegeben von Urs Widmer. Mit einem Vorwort von Heinrich Böll und einem Nachwort von Klaus Völker

● **Federico Fellini**
Werkausgabe der Drehbücher und Schriften. Herausgegeben von Christian Strich. Die Drehbuchbände enthalten zusätzlich das Treatment, Äußerungen Fellinis zum Film und zahlreiche Szenenfotos.
Roma. Aus dem Italienischen von Toni Kienlechner. Mit 50 Fotos. detebe 55/1
Das süße Leben. Deutsch von Bettina und Toni Kienlechner und Eva Rechel-Mertens. Mit 57 Fotos. detebe 55/2
8½. Deutsch von Toni Kienlechner und Eva Rechel-Mertens. Mit 52 Fotos. detebe 55/3
Julia und die Geister. Deutsch von Toni und Bettina Kienlechner und Margaret Carroux. Mit 66 Fotos. detebe 55/4
Amarcord. Deutsch von Georg-Ferdinand von Hirschau, Eva Rechel-Mertens und Thomas Bodmer. Mit 62 Fotos. detebe 55/5
Casanova. Deutsch von Inez De Florio-Hansen und Dieter Schwarz. Mit 54 Fotos. detebe 55/7
La Strada. Mit einem eigens für diese deutsche Erstausgabe geschriebenen Vorwort von Fellini. Deutsch von Georg-Ferdinand von Hirschau, Thomas Bodmer und Dieter Schwarz. Mit 55 Fotos. detebe 55/8
Die Nächte der Cabiria. Mit einem eigens für diese deutsche Erstausgabe geschriebenen Vorwort von Fellini. Deutsch von Olga Gloor und Dieter Schwarz. Mit 53 Fotos. detebe 55/9
I Vitelloni. Deutsch von Georg-Ferdinand von Hirschau, Thomas Bodmer und Dieter Schwarz. Mit 56 Fotos. detebe 55/10
Orchesterprobe. Deutsch von Trude Fein. Mit 50 Fotos. detebe 55/11
Satyricon. Deutsch von Dieter Schwarz u.a. detebe 55/12
Die Stadt der Frauen. Deutsch von Beatrice Schlag. detebe 55/13

In Vorbereitung:
Lichter des Varietés – Der Weiße Scheich – Eine Agentur für Heiratsvermittlung – Il Bidone – Die Versuchungen des Dottor Antonio – Toby Dammit – Die Clowns – Interviews – Fellinis Faces

● **Friedrich Dürrenmatt**
Dramatische Werke in 17 Bänden
Es steht geschrieben / Der Blinde
Frühe Stücke. detebe 250/1
Romulus der Große. Ungeschichtliche historische Komödie. Fassung 1980. detebe 250/2
Die Ehe des Herrn Mississippi. Komödie und Drehbuch. Fassung 1980. detebe 250/3
Ein Engel kommt nach Babylon. Fragmentarische Komödie. Fassung 1980. detebe 250/4
Der Besuch der alten Dame. Tragische Komödie. Fassung 1980. detebe 250/5
Frank der Fünfte. Komödie einer Privatbank. Fassung 1980. detebe 250/6
Die Physiker. Komödie. Fassung 1980. detebe 250/7
Herkules und der Stall des Augias / Der Prozeß um des Esels Schatten. Griechische Stücke. Fassung 1980. detebe 250/8
Der Meteor / Dichterdämmerung
Nobelpreisträgerstücke. Fassung 1980. detebe 250/9
Die Wiedertäufer. Komödie. Fassung 1980. detebe 250/10
König Johann / Titus Andronicus. Shakespeare-Umarbeitungen. detebe 250/11
Play Strindberg / Porträt eines Planeten
Übungsstücke für Schauspieler. detebe 250/12
Urfaust / Woyzeck. Bearbeitungen. detebe 250/13
Der Mitmacher. Ein Komplex. detebe 250/14
Die Frist. Komödie. Fassung 1980. detebe 250/15
Die Panne. Hörspiel und Komödie. detebe 250/16
Nächtliches Gespräch mit einem verachteten Menschen / Stranitzky und der Nationalheld Das Unternehmen der Wega. Hörspiele und Kabarett. detebe 250/17

● **Woody Allen**
Manhattan. Vollständiges Drehbuch. Aus dem Amerikanischen von Armgard Seegers und Hellmuth Karasek. Mit Fotos. detebe 225/1
Der Stadtneurotiker. Vollständiges Drehbuch. Deutsch von Eckhard Henscheid. Mit Fotos. detebe 225/2

Interiors. Vollständiges Drehbuch. Deutsch von Armgard Seegers und Hellmuth Karasek. Mit Fotos. detebe 225/3

● **Urs Widmer**
Die lange Nacht der Detektive. Kriminalstück in drei Akten. Mit einem Vorwort des Autors. detebe 39/2
Nepal. Stück in der Basler Umgangssprache. Mit der Frankfurter Fassung von Karlheinz Braun im Anhang. detebe 39/5

Züst oder die Aufschneider. Ein Traumspiel. Hochdeutsche und schweizerdeutsche Fassung. detebe 39/7

● **Otto Jägersberg**
Land. Ein Lehrstück für Bauern und Leute, die nichts über die Lage auf dem Land wissen. detebe 180/1
Seniorenschweiz. Reportage unserer Zukunft. detebe 180/3
Der industrialisierte Romantiker. Reportage einer Reportage über Planung, Bau und Einweihung eines Chemiewerks. detebe 180/4